辯經

辨人生

མཚན་ཉིད་རིགས་པ།

羅卓仁謙——著

目錄

〈作者序〉

予豈好辯哉

簡單講，我寫這本書的目的是要釐清很多人對佛法的誤解，以及許多會讓人腦充血的一知半解。在台灣，不管你是不是佛教徒，社會上經常把民間信仰、外道的知見與佛法混在一起，如果是這樣，乾脆不要信佛教還比較安全吧！

「辯經」是我在西藏佛學院訓練出來的專業之一。但在《辯經　辨人生》這本書裡面，其實沒有使用艱深的佛學名詞，反而是以比較生活化的方式表達我的看法，因為佛法本來就應該在日常生活中落實。我的立場是從佛陀的基礎教誨出發，就是所謂的「苦、集、滅、道」——四聖諦，這是所有佛法學者公認的核心內容。從生活中展現佛法核心思想，幫助讀者釐清宗教誤區，這是這本《辯經　辨人生》的意義。

現在的人學佛有兩種狀況。一種人是只追求出世間那部分，沒辦法把佛法用於日常生活中，好像只有厭世、出世，對現實生活缺乏關懷和關聯。這樣只會讓佛教的影響力愈來愈小。另一種人剛好相反，他們把佛法與社會主流聯結。比如說，佛法某個概念或禪修、冥想等是現代人可用的，就把這些東西拿來操作，不符合現代人主流概念的就棄之不顧。這是把佛法當自助餐嗎？

不混雜其他東西，以純粹的佛法來回應跟解決許許多多日常生活會遭遇到的議題，我認為這是最重要的。佛法是人類精神文明的瑰寶，能幫助我們解決很多生活問題，大到以一個國家來說，如果人民與人民之間都有分享、慈悲的觀念，而不只是個人欲望與利益考量，這樣就可以提升人民道德、守法的精神，甚至讓整個社會結構更健康，國家更強大。小到對個人的情緒問題、思考能力、觀察力及敏銳度等等，都有莫大的助益。這些議題，佛法已經剖析討論了幾千年，絕對有讓你滿意的解決方案。

幾千年以來，佛法在傳播發展的過程中，難免融合了一些當地文化民俗元素，遮蓋了原來純粹的法教意義，這樣就太可惜了！就好像一杯茶，原本已經淡香優雅且甘甜清冽，卻加入太多的糖、奶精，味道變得太甜太膩，甚至變難喝了！但我們不能否定，這杯茶原本純粹的美好。

四聖諦就是佛法中純粹的根本。佛陀教導的四聖諦，讓我們認知何謂苦，如何改變苦的原因，以及苦結束之後還剩下什麼，更進一步說明「如何超越苦」的實踐步驟。這些都跟我們的日常生活息息相關。但是現在對佛法的觀念，常常脫離了生活，好像一定要在生活以外硬要擠出時間才能學習佛法，好像佛法是很神聖的、脫俗的東西。事實上，我們完全可以在日常生活中去實踐佛法，而且佛法的效益更勝種種治療課程或心理冥想。

傳統的方式把佛法與世間生活區分成兩種獨立的生活型態，但是正確方式是：在同樣的生活型態裡，用不同的方式活出生命的精采。這才是佛法的精髓吧！

我很感謝生命中三位重要的老師。第一位是大寶法王噶瑪巴。第二位是我佛學院的老師，藏文稱為堪布。他是印度人，十八歲才開始學習藏傳佛教，但後來卻成為我們學派裡舉足輕重的大堪布；十八歲才開始學習卻可以達到這樣的成就，對我來說是很大的鼓舞。最後一位是我在台灣學習日本佛教的老師，他是心理學家，以心理學專業和現代生活為基礎去學習佛法，他的動力和熱情，是我現在推動佛法教學最大的典範。

在人世間推動佛法並不是件容易的事情，必須有極大的熱情和耐力，我在這三位老師的身上都看到這個特質。雖然他們有不同的背景與人格特質，比如說：不一定擁有最完備完美的佛法知識；又或者只要是人，都會有自己的生命掙扎和抉擇。但我的老師們對佛法的熱情與虔誠，都足以成為推動佛法教育者的典範。

我感謝他們幫助我了解佛法純粹的美好，希望大家都有機會喝到不加糖和奶精的茶，然後發現這杯茶原來這麼好。這是不用辯論的。

羅卓仁謙

二〇一七年七月在台北

01 如果有一天，你永遠死不了……

〔解脫〕

我的青少年時代，大部分的時光都是住在印度東北方一個名叫涅歐拉（Neora）的國家公園中一座傳統的藏傳佛教學院裡，學習藏文、佛學、印度邏輯、認知學等等。

在那邊讀書的日子很辛苦，我們三餐幾乎都是鷹嘴豆磨成的清湯配白飯，白飯裡還三不五時有小石子，要是吃飯吞得太急，或是忙著跟同學聊天，一不小心就會咬崩了牙齒。

一般來說，印度的電力都還算穩定（這是相對於尼泊爾來講的，尼泊爾有所謂的例行性停電，一年最順利的季節中，一天也大概只有十小時有電吧，但這也是二〇一〇年左右的事情了）。但是我們學院位在深山之中，而從最近城鎮的發電廠連接來的電線，並不是埋在地底下，而是高掛在天空中，一路拉了幾十公里到學院，以及學院外圍的村子來。

印度雨季為期很長，特別是學院所在的深山，海拔特別高，而國家公園中又有很多樹，往往在一、兩天持續不斷的大雨後，就會有樹木倒了下來、壓垮了某一段的電線……然後就停電了……

印度人效率已經夠慢了，更何況是印度政府，光是修好一段垮掉的電線，大概就要花上三到五天的時間，然後又會有另外一段被壓垮……

所以我們一到晚上，要讀書就得真的「囊螢映雪」，各出奇招。可是考量到常常下大雨，沒辦法一直在戶外照著月光看書，所以我們就發明了一套進階版「點香閱讀」，具體來說，就是：點一支香，然後用香上面那紅色的一點光火，非常靠近著書本上一行一行的字來閱讀。

為什麼不點蠟燭？

因為這種民生用品，我們得到直線距離三十公里左右以外的地方，才買得到。

研究學問讓我很開心，特別是藏傳佛教的學院中非常盛行辯論。與西方辯論制度不一樣的是，這種制度裡面只有一個攻方跟一個守方，攻方必須按照一個規定好的方式來鋪陳他的質問，而守方只能回答「是」、「不是」，沒有閃躲的空間。

我們學院的學風很盛，雖然整個學院只有一百多人，但幾乎都是各個地區的代表與精英。表訂時間上，我們每天必須辯論三小時，最晚到晚上九點就結束了一天的作息，但沒有人會在晚上九點回房休息，大家都會留下來繼續辯論，持續辯論到晚上十一點多，才會冒著大雨跑回房間。

求學很快樂，但生活很辛苦，我們三不五時還會輪流被排到去趕牛、砍柴。學院有三十幾頭乳牛，學生們都得輪班帶牛去森林裡面吃草。走了大老遠，一直提心吊膽怕牛跑掉不說，森林裡面到處都是水蛭，走個一百公尺之後，小腿上可能就黏上來了十幾隻這種小吸血鬼，被牠們一咬住就拔不掉；最討厭的是，吸完之後會分泌某一種唾液，讓傷口沒有辦法快速凝固，流出來的血往往會染紅了整件褲子或鞋子，血乾了之後皮膚就會黏在那上面……

除此之外，學院用很傳統的灶來煮飯，灶要有柴火，所以我們一樣得輪班到森林裡面砍柴。沒拿過斧頭的人不知道，對新手來說，不用到一天，只要半小時，握著斧頭的虎口就會震得發紅，一天下來，肌肉組織很容易就會發炎了。

總之，那是一段痛苦又充實的日子，每天的學習讓人很興奮，但是極為不方便的環境讓人度日如年，特別是對一個像我這樣來自高度發展城市的小孩來說（那時候我大概十五歲），更是真正的煎熬。

記得我每天都在想「要不是為了學問，我才不要來這裡」、「我好想家」。理所當然的，我每天、每刻都期待著我學業有成，離開這裡的一天快點來到。現在看來，那不過是幾年而已，但是在那個當下，真的覺得，好久、好久。

好險，古人是十年寒窗無人問，我沒到十年，就已經在學業上有小小的成就，當年的努力也沒有白費，特別是，我的「等待」沒有白等了。

重來，重來，再重來……

想像一下，如果有一天你是我，但不同的是，你再怎麼等，你的努力都不會成功呢？很嘔吧？

你可能會覺得，害怕不會成功，是因為害怕自己在成功之前，就先死亡了。沒關係，那我們重來。

想像一下，如果你不會死。

所謂的不會死，不是說你不會生病、不會痛苦，這些都會發生，但是唯一的事情是你不會老去，也不會死，一直維持在現在的狀況，不論是經過了百年、千年、萬年，都不會死。

但是，只有你是不會死的喔，你身邊的家人、朋友，都會死去，所以你大概每過五十年，都得換一批朋友，看著他們從年輕，然後漸漸老去、離開了人世，接著又來了一批新的朋友，年輕、老去、死去，無限地下去。

好像有點孤單吧？

還沒完，如果你覺得：「雖然是這樣，但正因為我不會死，占有很大的優勢，所以我可以花大量的時間（反正我最多的就是時間）來達到自己的理想或夢想，不管經歷多少次失敗都沒有差，因為我有的是時間！」

那，我們再加入一個變數。

想像一下，在這個無限的生命中，你有一個設定，就是每過一百年，你都得從頭來：從頭經歷十二年義務教育、重新進入職場、重新開始存錢、重新開始買房子、車子，你前一個一百年累積的財富、經驗、知識、人脈、學問、感情，全部歸零，馬上不見，所有的努力，都化為虛無。

這代表，如果你原本想的是「千年大業」或是「萬年大業」都得改一下，變成百年大業；然後還得確保自己在這一百年之中完成它，別犯規；你得先花差不多二十年的時間讀書，然後再開始一步一步計畫你的一切。

就算，你真的完成了一場大業，但是一百年之後，又歸零了。

好吧，或許你會說：「沒關係，那我每個一百年都來完成不同的大業好了：第一個一百年努力創建一家橫跨太平洋的企業，第二個一百年努力選上美國總統，第三個一百年去北極開發，第四個一百年探險一輩子……就算任何一個計畫沒辦法在一百年中完成，那我就延到下一個一百年去做呀！反正我時間很多嘛！」

那，如果，每一百年重新洗牌的時候，你都得重新抽籤，決定你接下來一百年的命運：在這個籤筒裡面，擺有「一百年有期徒刑」、「肚子莫名其妙地餓一百年，餓到你沒有體力做別的事情」跟「過個像人的正常人生」三支籤，只有抽到第三支，你才有條件去談什麼理想。

還想要玩這遊戲嗎？

「賭賭看嘛，反正其他籤也沒有很差啊！」

這個遊戲的最後一個變數，是這些籤的比例：「一百年有期徒刑」有一千支，「肚子莫名其妙地餓一百年，餓到你沒有體力做別的事情」有一百支，而「過個像人的正常人生」只有一支，你每一百年也只有抽一次的機會。

還要玩嗎？

請深入、設身處地地想像一下：如果你擁有這樣一個不死的生命，但是又有以上的變數，該怎麼辦？

是「死去」或是「徹底不要玩這個遊戲」，對吧？

就算你不想玩，也還是得玩下去！

兩千五百多年前，也有一個人跟我們一樣做出了這個答案：「老子不玩了！」

他的本名叫作釋迦喬達摩悉達多（Shakya Gotam Sidadha），後來有一個更名聞遐邇的稱號：釋迦牟尼佛，或是佛陀。

悉達多是一個富二代，他們家族是印度北方一個小城邦的貴族，爸爸是貴族互相推選出來的領導者，媽媽在他出生不滿一個月就死了。後母對他不錯，家裡還有一個後母生的弟弟。

現存的各種歷史紀錄都主張，悉達多在接近三十歲時，突然發現了人生中有「疾病」、「老去」、「死亡」等這些痛苦之後，才毅然決然開始反思自己的人生價值，到底意義何在？終於，有一天，他離開了金碧輝煌的家裡，去追隨一群住在森林裡的思想家與苦行者，尋找生命的意義。

這段話有一半不是鬼扯，也就是說，另外一半是鬼扯。

就算不能說是鬼扯，也是很大的誤解。

姑且不論有沒有任何一個智商正常、受過高等教育的人類，會到快三十歲才發現世界上有「死亡」這件事情，如果僅僅是因為發現人生有很多痛苦，那正常人的反應應該是：

- 及時行樂！反正有一天都會死，我更要把握機會。
- 來成就一點事業吧！快點攻占鄰國，還是發明個什麼改變人生的東西。

那你知道為什麼，悉達多會選擇走向森林嗎？

因為他發現到，不但人生有很多痛苦，而且這個痛苦不會隨著死亡結束，還有一個下輩子、下下輩子、下下下輩子……

就算這輩子死前把握機會大玩特玩，或是成就什麼偉業，那也沒啥用，因為死亡不是終結，後面還有一堆鳥事在等著他（或我、或你）。

這種認為有一個下輩子存在的思想，在當時的印度非常風行，主要是來自婆羅門教的「輪迴學說」。輪迴學說認為，所有的生命都在輪迴裡不停出生又死亡，有時候你會出生在好的狀況，但更多時候則是出生在很糟糕的環境中。

理所當然的，每一次生死，一切的記憶、知識、親友、財富都得重新來過；最重要的是，這個輪迴沒有終結，會一直持續下去。

……有沒有發現這跟我們剛剛玩的想像遊戲很類似？

沒錯，正是在這樣的思想潮流之下，悉達多做出了跟你我一樣的決定：「我不要玩了！」

這個道理，在他後來跟他的學生們的對話中可以發現：

「比丘！眾生無始生死，長夜輪轉，不知苦之本際，其數如是。是故，比丘！當勤方便，斷除諸有，莫令增長，當如是學。」（《雜阿含經》卷34）

但問題是，不是只是你說不要玩，你就可以不要玩的，就算你不想玩，也還是得玩下去！

所以，他最後走入了森林，去追隨當時許多偉大的思想家們，努力尋找可以結束遊戲，或者以上面那段話來看，所謂「斷除諸有」的方式。

其實不只是悉達多有這樣的思想，當時許多著名的「非主流思想家」都有這樣的傾向：他們企圖透過各種方式，停止這場沒有終點、沒有贏家的遊戲。與希臘哲學家們「愛智」、也就是追求知識的特性相比，印度思想家們更關注的，是如何徹底拔斷一切痛苦的根本。

在了解悉達多的一切行為，以及他的追隨者們在他死後發展出的各種思想前，我們得先知道，他最早的動機是什麼？就是：終止這場遊戲、離開所謂「輪迴」。或者說：

「世尊示世間，趣向解脫道。」（《大莊嚴論經》卷十）——走向解脫。

過度的安逸驅使人們去尋找人生的意義

我曾經看過一個研究（但我忘記在哪裡看過），大綱是：一群研究人員找了一群社會新鮮人，進行為期一個月的研究，研究人員給了他們一筆比他們在職場上的月薪高出三倍的資金，唯一的要求，是他們在這一個月內不能工作。

不到半個月，就有超過一半的新鮮人們要求退出這個實驗，就算要被罰錢、或是拿更低的月薪都可以，他們只想要做點什麼，就算是勞力工作也好。

這樣的研究過程，是告訴我們「過度的安逸驅使人們去尋找人生的意義」，很多人往往把這與悉達多、甚至他們自己來研究佛教的動機搞混，然而，悉達多的立場，並不是為了尋找意義，而是希望終結輪迴。

舉個例子來說，假設你有有限的一百萬美金，要怎麼善用這筆錢，就是在尋找它的意義；人生的時間有限，怎麼盡到最大的價值，就是盡到它的意義。

但如果，你戶頭裡有無數的錢，永遠用不完，一開始你可能會很開心、大肆揮霍，但同時，無數的金錢代表你有無數的麻煩要處理：各種壞人想打你主義、你要保護自己的帳戶、你會懷疑每一個朋友到底是真心跟你交朋友還是看上你的錢、感受到一堆金錢沒辦法換來的東西給你帶來的挫折感……

接著你發現這好煩，你不想要了。這，就不是在尋找「這筆錢」的意義了，是想要快點抽身離開這堆麻煩。

這就是悉達多的立場：在他發現這場沒有終結的遊戲後，他不想玩了。換句話說，他的所有行為都是建立在一個前提：死亡不是終點，還有下輩子的存在。

這邊就會衍伸出一個問題：如果我不認為有下輩子的存在，那悉達多的發現，對我是不是就沒有幫助了？

不會。

因為悉達多不但認為有下輩子的存在，而且他發現，只要下輩子還是毫無終結的茫然與不知所措，換句話說，就是痛苦。所以他所發現的方式，不但能夠終結下輩子的延續，同時也能終結痛苦。

因此，就算你並不認為有所謂的「下輩子」，但你、我、他這輩子活在世界上，都有痛苦吧？

在思想家輩出的當時，許多的大師們都以「徹底解脫」作為前提，不過為什麼這麼多的思想中，只有悉達多的可以流傳至今，更發揚光大呢？

因為其他思想家的方式，清一色都是將這輩子與下輩子分開來討論：透過許多的苦行等等這輩子的痛苦，來換取下輩子的快樂，或是用各種玄之又玄的手段，努力斷除世俗的枷鎖而嚮往超離。

但是悉達多很現實，他知道「痛苦就是現在，從現在開始解決才有效」，因此他的實踐經驗才一再地被當代的科學家們提出佐證，而這，正是本書接下來的章節要討論的核心。

【問答】

Q：為什麼說痛苦不會隨死亡結束？

A：「痛苦不會隨著死亡結束」這件事情，是建立於「人死後會不停地轉世，而只要有轉世、只要有生命就會有痛苦」這樣的一個大前提。在那個時代的印度主流思想中，都一致地承認「人死後會轉世」這件事，這可以分成「信仰上的觀察」以及某些大師們透過他們「冥想經驗的體悟」。但總之，悉達多的立論是，只要人會轉世，那就必然有痛苦。因此，想要終止痛苦唯一的方式就是「停止轉世」。

Q：文中舉抽籤的例子，籤的比例是由誰決定？

A：「籤」的比例並非有一個特定的人事決定，而是因為我們在轉世的過程中，會由於自己的「慣性」，習慣的慣性，包括習慣的情緒、習慣的行為、習慣的概念與反應，進而決定我們轉世的去處。

而在我們每個人的生活習慣中，基本上會有特定的某一些情緒是比較常見的，它就是占比較高的比例。可能是負面的情緒，可能是衝擊的情緒；而正面、比較冷靜的這種概念跟理性，反而占比較低。因此在經驗死亡的過程中，比較感性、比較衝擊、比較直覺的情緒，會比較快反應出來，機率比較高。這類情緒所衍生出的轉世，也就是轉世惡道的機率自然會比較高，所以才說這樣的「籤」的比例比較高。

Q：過度安逸驅使人尋找人生的意義，但人生沒有意義可以尋找嗎？終結輪迴就等於終結沒有意義的人生？

A：佛法認為「人生並不是一個需要去尋找意義的東西」。只要是要尋找人生的意義，某種程度上就是在承認人生本身有意義可言。然而佛法的根本論點是：人生有所意義，只不過因為我們生而為人。我們很幸運，假設這個轉世的過程中就像抽籤一樣，我們投生到了其他不同的生理狀態或者是不同的生命體，可能完全是被本能驅使的，那連意義都追求不到。所以有沒有意義這件事情，是以「生而為人」作為前提來討論，但是生而為人的機率又是如此之低。因此可見，把心力放在投資報酬率非常低的「意義」上，並不是佛法所重視的。

Q：當每一「人」生都是無意義的輪迴，什麼樣的存在才有意義？

A：佛法不認為有任何的存在「都是有意義」的。只要有存在，只要有轉世，就有痛苦，而這個痛苦是無法擺脱的。從這個角度來看，我們可以説有短期的利益，但是沒有長遠深刻、究竟的利益。所以佛法所追求的是「徹底地不要再存在」。換句話説是「不要再轉世」，這樣子才能終結所有的痛苦。

Q：解脫之後，可以怎樣？離苦得樂嗎？佛法認為苦是什麼？樂是什麼？

A：「解脱的目的」簡單來説就是結束了苦的流轉。而苦的本質就是：只要存在了我們的這一個生理與心理，就一定會有苦的存在。這是佛法的見解。所以某種程度上來説，佛法不是追求離苦而得樂，是「單純離苦」。那這個「樂」呢，並不是我們以為快樂的樂，而是「沒有苦」；僅僅是沒有苦的那個狀態，就稱之為樂。不是我們一般講的這種情緒上的快樂。

Q：不相信、不恐懼天堂或地獄，或不相信有下輩子的人，這一生也需要離苦得樂嗎？

A：離苦得樂是生物的本能追求，所有的生命體都想要超越痛苦、得到快樂。佛法認為這是一個本能的東西，這不需要教。但是問題在於我們「不知道何謂『苦』」。一旦我們知道這是苦，我們自然就會想要離開它。所以在悉達多最早期的教導裡面，他說痛苦是要「被了解」的。他並沒有說痛苦是要被斷除，或者是捨棄的。為什麼呢？因為想要超越痛苦以及想要斷除痛苦的本能誰都有，我們不需要教這件事情。那我們需要學習的是什麼？我們需要學習的是：我們不知道、不了解何謂痛苦。一旦了解了何謂痛苦，那自然而然我們就會想要捨棄它，這是我們的本能。

如何走向解脫，可以說是佛陀本人最在意的題目。然而這個題目要怎麼實踐？如何達到呢？

以當時的社會人文來說，悉達多是個極為叛經離道的人。但其實，這樣的叛經離道並沒有失去有效性。就算來到現在，他的思想與發現，其實也是非常顛覆的。因為我們社會追求的，正是穩定與熟悉感，但他認為，正是這樣的追求，給我們帶來無邊的痛苦，無法解脫。

02

維持現狀，會被淘汰

〔無常〕

我小時候唯一玩過的一款電動遊戲，叫作「世紀帝國（Age OF Empire）」，我相信大部分跟我同一年代的年輕男生們也都玩過這款策略遊戲。

遊戲的設定很簡單，或者也可以說很複雜：建立你的國家、打敗你的敵人，打敗的方式有很多種，包括徹底摧毀對方的軍隊、殺掉他們的國王，或是累積大量的原物料到一定的標準。

這款遊戲對熱愛研讀歷史、想像自己統領著千軍萬馬的我來說，可以說是很大的慰藉。一般人都特別喜歡三國那一代的歷史，我反而對春秋戰國一代的歷史更有興趣，可能因為戰國時代的楚國國君的姓氏跟我的姓氏一樣吧，所以還曾經很努力去尋找我們之間有沒有血緣關係。

每一場遊戲一開始，玩家都是位在遙遠的古代，城牆、城鎮中心、軍營都是一撮撮木頭束在一起蓋成的，敵軍的幾個原始人們只要拿著棍子來敲個幾下，可能就會被摧毀殆盡。

當然，隨著資源的累積越來越多，就可以漸漸進化、升級，城牆也從綁在一起的木頭，進化成精緻的木製建築，再進化成磚頭堆疊而成的高牆，最後，變成帶有砲台的石牆。

同樣的，軍隊也可以隨著時間進化。我記得一開始只有一個幾乎沒有什麼戰鬥能力的偵查員——斥候騎兵，他在地圖上到處邊跑邊尋找敵方的基地時，往往不小心就被哨台的兩三支弓箭殺死、或是森林裡的狼群給圍攻。但隨著時間的推展，斥候騎兵就進化成了強大的輕騎兵、騎兵。

我最喜歡的戰術之一，是組織一小隊一小隊的菁英騎兵——遊俠，在讓他們扮演偵察兵的同時，也可以稍微摧毀敵軍的外圍防禦組織，吸引敵軍的軍隊前來救援。

這樣的戰術效率很高，因為如果敵軍脆弱，那我就可以一直使用添油戰術，不停生產一隊一隊的騎兵去耗光他的國力，最後徹底摧毀它；如果敵軍國力強大，那機動性高的騎兵也可以趕在他的全軍出動之前安全撤離。

發現問題、解決問題、創造問題……

這款遊戲其實某種層度上指出了人類社會上數千年來最關鍵的一個進展：發現問題、解決問題。

原始社會中，人類一開始以打獵維生，但慢慢地發現打獵的成本太高、收穫太低，沒準為了抓幾頭鹿就被出來逛大街的豹給宰了；慢慢地，人們開始圈養動物，這是個本益比比較合理的生存方案；接著，人們又從狩獵社會進入農業社會，這又讓人們的生存條件受到更高的保障。

可以說，人們都是不停地在危機中，找尋更穩固的生存之道，所以這邊所說的「問題」，也可以視為「危機」：解決危機，保證生存，是人類發展的一個核心價值。

就像「世紀帝國」裡面一樣，為了保證我國的生存，玩家必須不停去升級自己的防禦設施，讓它變得更堅固、更長久、更能保證生存。

但是，問題來了：無論人類怎麼進化、怎麼解決危機，永遠都會有新的挑戰出現。就好像電動遊戲裡的每一個建築、人員、技術，都可以一直升級一樣，差別在於遊戲的升級有結束的一天，現實生活中的升級卻沒有。

矛盾的是，人類無論想要怎麼解決問題，最後卻幾乎都是在創造問題：農業社會發展之後，擁有田地的人就變成貴族、沒有田地的人就變成佃農；然後田地兼併越來越嚴重，富者越富而貧者越貧；接著資源重新分配，然後又掉回有田是老大、沒田是佃農，然後又是土地兼併、又是M型社會、又是重新分配、又是土地兼併……

好啦，社會分工越來越能落實之後，進行資源分享的商業開始嶄露頭角，但這問題一樣沒變，資本家靠資本賺更多的資本，勞力工作者的錢越來越薄，另一種M型社會開始出現，然後又是資源分配、又是M型社會……

「變化」是無法改變的

人類想要解決危機，保障自己的生存，但危機卻是沒有結束的那一天。

這是因為，人類的這種天性跟大自然的法則基本上是相悖逆的：人類想要維持生存，但大自然卻不停地在變化。

很粗顯而簡單地來說，這就好比：每一盒牛奶都有它的到期日，如果你到超商裡買了一盒牛奶，卻硬要放到它過期之後才要喝，那肚子出問題你要怪誰？

我們都能夠接受牛奶、麵包、便當有到期日這件事情，因為它們對我們的影響沒那麼大；但是幾乎沒什麼人能接受工作、理想、職業、婚姻、甚至於人生有到期日這件事情，因為在那過程中，我們投注了太多、太多。

你知道嗎？連朝代也有到期日。當一個朝代、一個國家即將滅亡，歷史上的官方說法就是「氣數已盡」。

任何的存在，都終究會有終結的一天，但我們卻努力讓它持續地維持下去、不要消失，這必定是場沒有勝算的戰局。

既然任何事物都有終結的一天，那為什麼我們都沒有發現到呢？

因為終結並不會突然來到，它是由每天每天的變化慢慢堆積而成的，但這些變化太細微了，我們的大腦某種程度上屏蔽了這些不停變化的資訊，讓我們觀察不到它不停變化的特性。

有趣的是，雖然每個東西都有終結的一天，而這個終結也是由每秒每秒的變化塑造成的，但是注意到這個變化的特性，並且善加把握它的人，反而能夠延長這個東西的壽命。

反而，一直想要維持它現有的樣子，只會讓它被淘汰掉。

大家都知道手機大廠Nokia吧？這間一百五十多年的老公司，在一九九〇年代以後，手機市占率在千禧年的時候高達世界第一，市值僅次於麥當勞與可口可樂，高居全球第三。

然而，在智慧型手機開始萌芽、技術剛剛開始發展的時候，Nokia 對這些技術不屑一顧，錯失契機的結果，讓這間芬蘭舉國的驕傲，在不到十年間被微軟給收併了。

世界不停的變化，大到國家、小到日常生活中的一切，這是不可逆也無法改變的，而那些想要緊緊地抓住、維持既有價值，不願意面對改變的人們，最終只會被淘汰。

把握機會、順應變化

有句古語說：「樹動死，人動活。」用現代的概念來說，就是接受事物不停變化，把握機會、順應變化的人，就能有更好的生存機會。

這些道理，正符合了悉達多在開悟之後，不停強調的一個核心：

「知諸行無常，皆是變易法。」（《雜阿含經》卷17）

認識到一切的事物，都是不停變化、沒有常存不變的狀況，這就是「無常」。

我小時候參加過數百場告別式、到殯儀館看過上百具屍體，也參加過近千場的超度儀式，每次在這種場合裡，宗教界人士們都會安慰喪家的家屬：「人生無常啊！」、「一切都是無常的！」

不但是現代人如此，其實連悉達多即將死去的時候，他身邊的人也是這麼說的：

「爾時，淳陀即白佛言：我今亦知諸行無常，合會恩愛，皆悉別離。然無上尊，當般涅槃，我今云何而不悲懷！」（《大般涅槃經》卷2）

這段話的意思，是一個名為淳陀的人告訴悉達多：「我也知道事物是無常的，天下沒有不散的宴席，但是無比的老師你即將死去，我怎麼能不悲痛呢！」

「無常」這個詞出現的場合，幾乎都跟「死亡」有掛勾，這也難怪大家對無常沒什麼好印象。

無常，就是指這個社會上的一切都會不停變化，這其實是個好消息：不停變化、流動的社會，我們每一個人才有機會進步呀！反過來說，要是整個社會是僵化的，那平民百姓們根本就沒有出頭天的機會了！

跟同一時代的大師們相比，悉達多最大的成就，就是發現「萬物無常」這個道理，這種發現不是一種「臆測」或「想像」，而是來自於細微的觀察。

在佛法的文獻上，用了許多的東西來比喻無常的道理，我個人覺得最深刻的，是以

「山谷中的迴音」作為譬喻：

「念念相續，無有實法，猶如谷響，聲不可得。」（《方廣大莊嚴經》卷5）

（持續發展下去的東西，其實就像山谷中的迴音一樣不真實，沒有一個確切的存在。）

去觀察，不要只是想像

上一章，我介紹了我以前讀書的學院位在一個國家公園中，但我忘記說了，我們那邊還有一堆野生動物，具體來說，包括熊、蟒蛇，還有老虎。

中華文化習慣以老虎來形容君主，而印度文化則習慣以獅子，很重要的一個原因，除了中國本身不產獅子之外，是因為老虎是獨居動物、獅子則是群居動物，而中華文化一向稱呼君主為「孤」、「寡人」，這與老虎的特性相呼應。

老虎是一個區域性很強的動物，大概方圓一公里左右，牠們無法接受有其他老虎的入侵。

所以，當牠們發現自己的區域中有其他老虎的足跡，就會用大吼來捍衛牠的主權……而我們學院所在那個地方是被群山圍繞著的，所以老虎在半夜中的吼聲就會在山谷中迴盪不已。

不過沒關係，你要是沒有聽過老虎吼聲在山谷中的迴音也沒關係，下次自己去山區玩的時候也可以試試看，你會發現，不論是什麼動物的吼聲，在山谷中迴盪時都會有一個作用：

「啊～啊～啊～啊～啊～啊～啊～」

「吼～吼～吼～吼～吼～吼～吼～」

第一個迴音到最後一個迴音之間，每一個「啊」都是聽起來好像一樣是同一個音節，但是我們同時也知道，每一個迴音是有變化的：從一開始的大聲，到越來越小聲、越來越遠。

或者說，迴音聽似只是一個「啊」音，但專心聽，你就會發現它是由一連串「啊」音串連在一起的，從大聲越變越小聲。

迴音是一個很好的例子，因為它看似從頭到尾都一樣是一個音，但卻又不停地變化，或者說，是無常的。它「看似一樣」與「無常」的兩個特質，我們都能夠輕易發現。然而，家裡的那個水杯，從你早上出門到晚上回家為止，它經過了數萬秒的時間，每一秒都有細微的改變，但我們卻觀察不到這個改變，或者說，發現不到這個「無常」，還認為它一直都是那樣，沒有變化。

這是為什麼呢？主要原因是，迴音這個例子的無常特性比較容易觀察到，但是杯子、房子這些無常的特性不容易觀察。就像在玩「世紀帝國」、不停強化建築的我一樣，我們把它們弄得非常堅固，堅固到不容易被危機給影響而變化，那自然而然，我們就不容易觀察到其不停變化、沒有停止的特性了。

所以，悉達多所提倡的「無常」，並不是他想像出來的，而是透過非常敏銳的分析與認知，觀察到不但是迴音，生活中的一切，都是不停、不停在變化的。

這是觀察的結果，不是想像的哲學。

去經驗，而不是光「理性地想」

既然社會是不停變化的，聰明人只要把握機會，就能有很多的成功……那不是很好嗎？這跟痛苦有什麼關係？

前面我所引用的「《雜阿含經》卷十七」文句，還有下半段，點出了這個道理。

沒有錯，理性上來說，人類都會為了生存而生存，所以無常本身是「中性」的，沒有好壞可言，只看你懂不懂得把握它。

但是，人類作為萬物之靈，最大的特性，是我們有濃厚的感性，我們不是只是為了生存而生存，我們還有很多複雜的內心架構，包括回憶、感傷、想念、期待。

每個人一輩子都在追求認識自己，而我們對自己的認識，往往與童年的經驗有關係。比如說，如果一個人從小就被忽略，所以他對自己的認識可能會是「一個慣於被忽略的人」，長大之後，他在與人的互動中會有很明顯的軌跡；就算他交往的對象對他非常好，但他也會下意識刻意放大「自己被忽略」的一些狀況。

就算他看起來很痛苦，但是每一段感情中，他都會努力找出自己「被忽略」的證據。他不是故意的，他只是在尋找安全感、或者說，尋找熟悉感。

大部分的人，都會活在自己的童年經驗中，一輩子都想要尋找童年的那種熟悉感。尋找既有的熟悉感，與事物不停變化的特性，是相悖逆的吧？

所以，下半段的文句是這樣的：

「故說受悉苦，正覺之所知。」（《雜阿含經》卷17）

不停尋找並想維持熟悉感的我們，本來沒有什麼錯，但當我們在不停變化的東西中想要維持那份熟悉感，更刻意忽略它「不停變化」的特性，那注定就是無法滿足，好比在一個只有兩隻細腳的凳子上放一個杯子，注定會掉到地上碎掉一樣。

這就是痛苦吧。

悉達多並不提倡只用理性思惟，理性地「了解一切都不停變化」，再理性地「說服自己不要去尋找熟悉感」，這一點作用都沒有，因為人類，本來就不是一個理性的動物。

悉達多強調的是認知的訓練：當我們的認知敏銳到能夠觀察到事物不停變化的特性，就像我們知道第一個迴音到最後一個迴音之間變化的特性之後，這種經驗、認知會直接影響我們看待事情的方式，不再盲目地追求熟悉感。

一言以蔽之，佛法談的是「經驗」，不是「理性地想」。理性是大腦的創作，認知是直接的經驗。

【問答】

Q：要認知「無常」，所以凡事都不須追求「常」是嗎？人的立足點在哪？

A：人的本能會想要追求「常」，想要常存、不變、穩定；在此同時，我們卻也希望刺激跟創新。所以這是屬於本能性的追求，然而這個本能性的追求就是讓我們痛苦的根源。因此如果我們認知到「是這個誤解讓我們痛苦」的話，那麼「了解『無常』」就變得至關重要。並不是站在一個「人類的生命要有意義或者是立足點」的角度來討論的。

Q：為什麼事物的「終結」不會突然來到？人生不是朝不保夕，要將每一天當作最後一天來活嗎？

A：「事物的終結不會突然來到」這件事情是代表：事物的終點是在過程中一個環節、一個環節串起來的。就像是人生。人生的終點不會突然來到的意思就是：我們往往以為有人突然間生了一場重病死了，是死神突然降臨，但其實他的這場重病是從他生活習慣的每一個小環節構成的。所以變化並不是突然產生的，而是每分、每秒、每一刻都在作用與影響，最後串成了一個反應。這裡指說終結不會突然來到，是這個意思。

Q：為何說，我們人勉強地「維持」存在？

A：人們努力維持存在，是害怕消失。而想要維持存在，為什麼是用「維持」這個詞？換句話說，我們一旦不維持，它就會消失，這是符合事物的本質。舉個例子來說，我們努力想要維持房子的使用期限，但是房子它本身從建立好的那天開始，它就是不停地、不停地在變舊、變老或者是變壞，而我們是不停地在維持它還是新房子的時候。故名思義，如果我不維持，它可能就會不停地變化。想要努力讓它不要變化，這是指人們在過生活時候的方式。

Q：什麼樣的人對於「無常」的認知是負面的呢？認為是負面又有什麼關係呢？厭世求死的人就是想法負面嗎？

A：人們對於「無常」的認知負面，主要的表現在於：人們聽到「無常」這個詞會產生一種討厭、避免、不想接觸的想法。正是因為這一個主觀的認知，讓他們沒有辦法正確地認識到「無常」這個其實是一個很「中性」的東西。

不可否認，「厭世者」我們稱之為想法負面的主要原因，是因為，在這個社會上，他並沒有什麼太大的影響力。而我們往往覺得沒有影響力，以及沒辦法積極地把自己的人生能量發揮到最大的，我們都會稱呼它為負面。這就是為什麼了解到「無常」正確的意涵至關重要。「無常」的意涵本質上並沒有正面或負面可言，它是一個中性的東西，只是看我們怎麼去認識它而已。

Q：坦然活在「無常」的人又有什麼好處呢？

A：坦然活在無常之中的人呢，自然能夠更進一步地去面對所有無常給我們帶來的變化。舉例來說，一段感情、一段關係、或是任何一個我們珍愛的事物，正因為它是無常，但是我們不願意面對，我們努力想要竄改它那個無常的特性；但這是一場絕對必敗的戰爭，因為那是它的事物的本質。只有了解到它是無常並且接受的人，才能夠在它變化、離開我們的時候坦然地面對。這讓我們減少了很多無謂的精神去做沒有意義的事，也就是想要把一個「明明會變化的東西」變成「不會變化的事情」。同時，也讓我們能夠更加地珍惜每個事物的當下。

Q：迴音、杯子、房子的無常，分別代表我們認知中的哪個部分？

A：事物之間的無常其實是一致的，就是指不停變化這件事。不過它有分「容易觀察到」跟「不容易觀察到」的。就好像化妝一樣，有的人的假睫毛很明顯，你一看就知道那是假的；但有些人可能裝假睫毛的技術非常好，我們看不出來。同樣的，迴音、杯子、房子，這每個事物都是無常的，不過有些比較容易被觀察到，而有些不容易。所以必須循序漸進地用譬喻，用簡易的譬喻來去形容那些不容易被觀察到的事物。

認識到了無常，可以說是一個好消息、壞消息，或根本不重要的消息。很多人往往覺得，無常與我們沒有什麼切身的關係，不過是一個哲學義理上挖掘外在世界後得到的發現，最多就值得「按個讚」、「好棒棒」而已。

但是，外在的世界與我們真的無關嗎？人文主義以為我們有一個獨立、真實存在的經驗，唯物主義則肯定外在世界的重要性，但是佛法更強調的是「我們怎麼看這個世界」，最重要的是，這個「怎麼看」與無常之間，有重要的聯繫關係。

沒錯，看到什麼不重要，怎麼看才重要，因為看法，才是誤解與痛苦的源頭。

03

是眼睛看到，還是大腦看到？

〔根境和合〕

我一向很討厭看 3D 電影。

我印象中第一部看的 3D 電影是四歲那一年，去日本東京迪士尼吧，其中某一個娛樂設施是類似太空船之類的器材，帶上一邊紅、一邊藍的眼鏡讓小孩子很興奮，但是一坐上去就開始頭暈，整個經驗很不開心。

長大之後到電影院，看電影也從來不會選擇 3D，就算當天想看的電影只剩下 3D 的場次，我也寧可放棄不看。

最近一次經驗是去大阪的環球影城哈利波特村，裡面有一個結合了 3D 影象與雲霄飛車的遊樂設施，飛車本身已經一直甩來甩去了，還要戴上讓人頭昏眼花的眼鏡，看著狂晃的影象，真的不是很舒服。

3D 影象很有趣，它利用我們兩眼在傳遞影象給大腦時的細微差異，建構出一個立體的影象出來。我相信大家應該都有在看3D電影時把眼鏡拿下來的經驗吧？直接看著螢幕上的影象，你會發現，每一個圖象都是由兩層圖象稍微重疊在一起的，經過精細的計算，我們的雙眼各看到一層影象，再經由視神經的傳導，大腦就會自動將其建構成一個立體的影象。

現在，我想要問一個問題：那個立體的影象，在哪裡？

3D電影中的恐龍，在哪裡？

舉例來說，生活中最常看到的3D電影都是類似科博館、遊樂園或是科技樂園的表演，幾乎都是「侏羅紀公園」或是「未來世界」這種千篇一律的主題。畢竟人們對現實生活中不存在的影象更有興趣，是可以理解的。

當我們在電影院中，好整以暇地戴上特殊眼鏡，看到螢幕上浮現了一隻正在怒吼的暴龍，牠是如此的立體、好像真的一樣……

請問那隻立體的暴龍在哪裡？

如果說在螢幕上，是不太對的，因為當我們拿掉眼鏡，就只剩下那兩層影象重疊的「2D龍」；如果說在眼鏡上，也不太對，因為螢幕還沒有開始播放之前，眼鏡上啥都沒有。

如果說是在眼球上也不太對，畢竟兩個眼球是獨立運作又一起合作的，缺一不可；如果說是我們的幻覺也不對，因為的確就是看到了……

邏輯清晰的朋友看到這裡，一定會說出類似這樣的答案：這個 3D 影象存在於大腦中，因為是由左右視神經各自傳導兩個圖象，再一起組合在大腦中的。

你會發現，在這整個過程中，神經傳導扮演了一個很重要的角色。基本上，我們對世界的認知可以說是完全建立在神經的傳導上，特別是當我們在與外在環境接觸時，感官就會把受到的刺激透過神經傳向腦部，而腦部接受到的就是這些刺激；換句話說，我們「認知」到的，不過是神經的刺激，不是真正的事物。

聽起來有點複雜嗎？沒關係，我們來回憶一下 3D 暴龍的例子。的確，我們看到了立體的暴龍，但這個立體的暴龍影象，不是一個被我們眼球看到的事物（因為兩個眼球看到的有些微的不同），而是我們大腦接受了神經傳導的訊息所得到的結果。

這段話可以簡化成一個問答題：是我們的眼睛看到了立體暴龍、還是我們的大腦看到了立體暴龍？我想，你的答案應該也是後者，對吧！

3D 技術正是運用了人類視神經傳導的這個特色，才能建構出這麼多看似真實的影象。但其實不只是視覺神經如此，我們的五感：視覺、聽覺、嗅覺、味覺、觸覺，這一切的經驗，其實都是感官在接觸到外界之後，將訊息傳回大腦，再由大腦整合與判斷的結果。

什麼才重要？

知道我們到底是如何「經驗事物」，是一個非常重要的認識，特別是在我們知道了一切事物都是不停變化的「無常」之後。為什麼呢？

很多人以為佛教是哲學、是宗教、是思想。的確，經過兩千多年、跨足兩個次大陸的文化發展與淬煉，現代的佛教，已經加入了很多活潑與多元的元素；但是，如果回到悉達多本人的態度來看呢？

在一部叫作《箭喻經》的文獻裡面提到：

「我不在意這個世界永久與否、也不在意它有沒有終結的一天。「為什麼我不在意呢？因為它不重要、不是『法』，既不是清淨的行為也不能幫助我們得到果斷的超越，更重要的，這與內心的訓練和究竟的自由沒有關係，所以我不在意。

「那我一向在意的是什麼呢？我在意苦的本質、苦的來源和苦的終結，為什麼呢？因為這很重要，這是法！」

（世間有常此不可記，如是世間無常至無有命終，此不可記。云何不可記？此非是義、亦非法、非是梵行。不成神通、不至等道、不與涅槃相應，是故不可記。云何是我所一向記？此苦我一向記、苦習苦盡住處我一向記，何以故我一向記？此是義是法！）

接著，悉達多用了一個非常有趣的例子來形容這個狀況：

「（在意這些不重要的問題）就好比一個人被毒箭射中，他的親人想要幫他消除痛苦，到處去找醫生，但他卻說：『我不要先把箭拔掉，我要先知道醫生的家族背景、名字、長相、身高、膚色，我要知道弓箭是從哪個方向射過來的、那把弓是什麼材質？』」

（猶若有人身中毒箭，彼親屬慈愍之，欲令安隱、欲饒益之，求索除毒箭師。於是彼人作是念：「我不除箭，要知彼人己姓是字是像是，若長若短若中、若黑若白，若剎利姓、若婆羅門姓、若居士姓、若工師姓，若東方南方西方北方誰以箭中我？我不除毒箭，要當知彼弓為是薩羅木、為是多羅木、為是翅羅鴦掘梨木。）

由此可見，悉達多不重視任何不圍繞著「苦」的議題，他只在意「苦的本質」、「苦的源頭」與「苦的終結」，所以外在世界到底如何，對他來說根本不重要。

是什麼，造成了情緒與反應？

然而，我們經驗事物的方式，的確是至關重要的，因為這牽涉到了「苦」這個議題。在知道了事物本質都是不停變化的無常之後，悉達多更談到了，我們不夠敏銳的經驗，是令人無法注意到它們無常特性的關鍵原因。

問題來了：悉達多在上面的文獻中又主張，他根本不在意世界本身永恆與否，他只在意與苦有關的議題，但是無常不就是在討論萬事萬物本身的特性嗎？那他為什麼會不在意世界是不是無常的呢？

用很簡單的邏輯來看：痛苦既然來自沒有體認到事物不停變化的特性，那認識到事物不停變化的特性，應該就會漸漸消除痛苦，所以，悉達多應該會重視整個世界不停變化的特色才對呀！

舉個例子來說，還是一樣以那隻暴龍為例子吧：想像自己是一個害怕暴龍的小孩，在興奮的哥哥半推半就之下，一起到電影院陪他看這部《侏羅紀公園》的 3D 版。當你戴起眼鏡，看到那立體的暴龍對你大吼，因而嚇得發抖的時候，請問，你是被什麼嚇到？

是被立體的暴龍這個影象，對吧？但我們也說到了，這個影象是神經傳導的訊息，所以其實，你是被你神經所傳導的訊息給嚇到的。

不但恐懼是如此，我們所有的情緒與反應，都是建立在神經的傳導之上，因為我們大腦所認知到的一切，其實都是感官傳送來的訊息而已。

比方說我很愛喝烏龍奶茶，但如果我們細細分析，我愛的並不是「烏龍奶茶」本身，而是當我喝了一口奶茶後、舌頭傳導給大腦的訊息，也就是說，我們所經驗到、愛、恨、討厭的一切，都是感官傳遞的訊息而已。

這種神經傳遞的訊息，佛法裡面稱為「觸」，「觸」是怎麼來的呢？《長阿含經》裡面說：

「『觸』來自什麼？善加思考，會發現『觸』來自感官經驗。」

（觸本由何緣？因何而有觸？如是思惟已，觸由六入生。）

感官透過神經傳遞的訊息，是所有主觀的喜惡、情緒、概念的源頭：我們喜愛美食，但喜愛的其實是感官接觸到美食之後，傳遞到大腦的訊息；我們討厭噪音，但討厭的其實也是感官接觸到噪音後傳遞的訊息。

這在《雜阿含經》裡面也說：

「眼睛、耳朵、鼻子、舌頭、身體、意念的經驗所傳導的訊息，是『愛』的源頭。」

（眼觸生愛，耳、鼻、舌、身、意觸生愛。）

這個看似有趣的現實，其實含藏兩個更深刻的道理——

人的大腦可塑性很高

首先，這是一個好消息，因為人的大腦可塑性很高，特別是當它在接收到訊息之後的神經迴路，是可以被改變的。

大腦就像一個分工細膩的公司，在「接收訊息」與「下判斷」這兩個單純的過程中，卻至少經過了五個步驟，而這五個步驟的既定反應，其實是可以被改變的。

舉例來說，如果我們討厭噪音，是因為我們的「感官」受不了「噪音」的刺激，那就會有一個死題：只要噪音出現，我們就會無可避免的感到煩躁，因為噪音已經在哪裡了，而耳朵受不了這樣的刺激，又無法改變。

但如果我們討厭的，是耳朵在聽到噪音之後傳遞來的訊息，那就有的說了：既然大腦可以被訓練，那就可以讓它，不要一收到「噪音」這個訊息，就馬上下判斷為「討厭」，這個現有的固定路徑可以被改變。

好比臭豆腐吧，如果令人討厭的是「臭豆腐本身」，那不論誰去吃，應該都是一致地反感。

但正因為我們喜惡的，是臭豆腐帶給我們的經驗，也就是它帶給我們的訊息，所以才會有的人喜歡、有的人討厭，這只是因為每個人的大腦，在接收到臭豆腐透過舌頭、經過神經傳導的訊息後，反應不一樣而已。

大腦對訊息的反應可以被訓練跟修正，是個好事情。當然我沒有期待大家都愛上臭豆腐，我家也沒有做這個生意，但是以上這段話的潛台詞是：無論我們經驗到什麼東西，其實這段經驗都是可以被轉化的。

西元八世紀的知名印度學者 Shantideva 在他著名的著作《覺悟勇士的入門指南》裡面，用了一個巧妙的譬喻形容訓練自心的優點：「如果要用皮革將大地鋪蓋，哪裡能找到這樣多的皮革呢？其實只消用一小片皮革包住腳，不就等於蓋住了所有的地面嗎？」這段話的隱意是指：透過訓練自己的認知，我們對於事物的經驗將會被轉變。

這邊要特別強調的是，悉達多與他的追隨者們所推崇的，不是只要「理性的思考」就好，不是刻意理性地去看待事情；這不是什麼心靈雞湯，不是在發生事件的當下，只看它好的一面、刻意忽略它不好的一面，以強制轉化我們的思惟。悉達多推崇的，是認知的訓練，是透過專注力的培養以扭轉認知，這跟「正面思考」有徹底地不同。

舉例來說，一個討厭喝酒的人，喝到酒的時候，無論再怎麼正面地去思考酒精對身體的幫助，但下意識地判斷仍然是「不喜歡」，是「為了長遠的好處所以忍受這個不喜歡」，仍然有這樣的「忍受」存在。而認知的訓練，是徹底轉化那一絲「覺得不悅」的經驗，那自然就連「忍受」都不存在。

我個人就認識不少長期進行佛法認知訓練的老師們，他們的大腦迴路與一般人有很大的差異，特別是對於「痛覺」的認知與識別能力很獨特。其中一位就曾經在沒有麻醉的情況下，接受一場一般人一定得全身麻醉的手術。

暫時的情緒，讓它走吧！

其次，第二個好消息跟無常有密切的關係。

我們大腦所認知到的一切，都是神經傳遞的訊息，最重要的是，訊息本身其實也是暫時的、短暫的、不停變化的。

這就好像電影是由一連串單獨的畫面串成一起，但是我們看起來它是連續一體的一樣。大腦接收到的訊息，是感官持續受到刺激之後，經由神經傳達一連串單獨的訊息；這每一個訊息都是單獨的，但是它串成一個一致的畫面。而每一個單獨的訊息，自然也都是暫時而短暫的，因此它帶給我們的刺激也是暫時而短暫的。

想像一下：今天早上出門的時候，在樓下順便買了一個吐司夾蛋，匆匆忙忙付了錢，拿著早餐趕上公車、到達公司、參加晨會，餓了一、兩個小時的肚子之後，終於可以坐在辦公桌前面。

隨意地打開電腦，拿起包包裡的早餐，一口咬下去，卻發現那是一個燒焦到硬邦邦的蛋。

……一陣無名火起！

這件事情可能會讓你心情不好很長一段時間，一路到中午吃到午餐為止。至少對我這樣一個很容易餓的人來說，肚子空空一個早上是很值得火的事情；有時候中午吃飽了之後，想到早上那口咬下去的焦味與硬邦邦的口感，還是讓人一路賭爛到晚上。

我們現在知道，那個硬邦邦的口感，是在嘴巴咬到之後，將這個訊息由神經傳導到我們大腦，我們才認出「它硬邦邦」，進而生氣許久。

但，既然這個訊息是暫時性的、短暫的，當我們氣得把那包早餐拿走的時候，那個「硬邦邦」的訊息已經消失了。

那，我們之後是在氣什麼？

氣那個訊息嗎？它已經跟死人一樣消失無影無蹤了，這世界上應該極少有人會跟一個已經過世一年的人計較吧！

你會發現，讓我們有很多焦慮、憤怒、不安的，都是我們對這個訊息的解讀。一樣是硬邦邦的東西，餅乾卻不會給人帶來這種負面的反應，這正是因為，我們將神經傳導過來那中性、暫時的訊息，給固化成兩極、堅固的概念了。

悉達多的看法其實很簡單，就是讓那「暫時的訊息」回歸到它原本的樣子——短暫，不要用慣性與概念去把它留住，如此而已。

【問答】

Q：「根」「境」「和合」是什麼？

A：「根境和合」中的「根」指的是感官，「境」是對境，而「和合」是接觸。換句話說，「根境和合」指的是當感官接觸對境的這個過程。這個過程是佛法探討感受、認知、情緒、想法、概念等等心理作用是如何產生的一個關鍵要素。

Q：佛法有講到所謂正面或負面思考嗎？

A：佛法並不認為有絕對的正面或負面思考。只要談到「思考」，講白了就是我們自己去做很多的想像跟解讀。但佛法重視的並不是想像，也不是解讀，因為那都是假的。那都是幻相。佛法重視的是正確的認知，認知到事物的本質，而不是透過過度想像出來的正面或者是過度自責的負面。

Q：外在世界不重要，如何經驗事物才重要？然而，我們所經驗的「事物」不都來自於外在世界、存在於外在世界嗎？如果不重要就不存在，也無所謂經驗了不是嗎？

A：我們的苦以及樂，是基於外在事物給我們帶來的經驗。然而經驗本身才是重點。為何我們說，經驗的事物比外在事物更重要呢？因為許多人會把很多問題推拖到外在的世界。如果問題在於外在世界，那就是沒辦法改變的；但如果問題是存在於我們自己的經驗，那這個經驗是可以扭轉的。

在許多的資料裡面都會以一個譬喻來形容：所謂的問題，就好像大地充滿荊棘這種帶刺的植物，問題如果是在外在世界，我們無法改變；但幸運的是，痛的感受不是來自荊棘本身，而是我們腳底。我們可以直接穿鞋子，也就是用鞋底墊在腳下，這樣子不論我們走在世界哪個地方，接觸到荊棘時，腳都不會受傷。所以問題不是來自於外在，而來自於我們的經驗，正因為如此，我們才有扭轉的契機跟機會。

Q：文中舉臭豆腐的例子，如果不是要讓所有人都喜歡臭豆腐，改變大腦的路徑有何用？何必要轉化經驗？

A：為什麼要轉化經驗？我們每一個人都會有自己喜愛或討厭的東西，最關鍵點是，我們現在對於喜愛與討厭，已經不自主了。喜愛跟討厭這個大腦迴路，已經變成一個很自動、很反射性的反應了。看到一個東西，可能是漂亮的，我們就會自然地喜愛它；聞到一個不好聞的，自然就感到討厭，已經變成反射性的。然而，如果這些經驗牽扯到非常非常多的概念時……

比如說，有些人有一些童年經驗，可能是他看到有大車開過的時候，內心就有一種恐懼感，這已經變成一種反射性的經驗。而在這個過程中，正因為他的經驗、他的回憶與他當初的感受在綁架他，所以轉化經驗的目的就是「奪回心的自由權」，不要讓大腦以及自心，再一次被這個慣性的迴路給控制。要奪回創造新迴路的自由權，創造不痛苦的一個迴路。

Q：為何「覺得不悅」需要轉化？為何要改變對「痛覺」的認知？

A：覺得不悅需要轉化以及痛覺需要轉化，這件事情是普世之價值，任何一個生命體都希望快樂，任何一個生命體都不希望痛苦。最重要的是，為何「覺得不悅」需要被轉化的關鍵原因在於：「不悅」不但本身是讓我們感到不舒服的，最重要的是，它會引誘出、會帶出一系列不舒服的反應；這些反應不論是短暫或長期，可能都會對我們造成很多負面影響。所以，從我們的感受上去下手，轉變我們產生負面情緒感受後的反應等等，是非常重要的。

Q：情緒是短暫的，也是潛藏的；比起如何放下，如何預防是不是更難、更關鍵呢？

A：情緒既然是短暫的，我們自然而然可以讓它出現又消失。如果專注地想要去預防情緒，反而是把情緒變成一個堅固的東西。

想像我們有一個敵人，然後這個敵人其實我們的父親、祖父告訴我們的。就好像明朝末年，清朝入關的時候，明朝朱三太子的這個傳說。有人在困惑清朝、一路反清朝反到了乾隆時代，幾乎已經入關近百年的時間。就算真的有朱三太子，他也早已死去了；可是對滿清政府來說，這是一個很可怕的惡夢。同樣的，如果我們只是不停地想要預防一個惡夢的話，就算這個惡夢早就不存在，但是我們只要有預防的心態，給我們帶來麻煩的就是「預防的心態」的本身。

因此，處理負面情緒最好的方式就是：負面情緒來的時候，讓它如同它本來就有的特性，也就是自然消散的特性，讓它離開，而不是努力想要預防它；愈預防，其實就是愈強化我們對它的恐懼而已。

既然我們經驗到的一切，都是神經傳導後，一連串大腦反應的結果，那自然可以說，我們完全有決定大腦如何反應的權利。但這不代表阿Q地想像自己「不要痛苦」，大腦就會創造出一條不痛苦的迴路。

舉例來說，大家都討厭「煩惱」吧！但為什麼，我們就往往容易陷入情緒的拉扯之中？更具體來說，往往會愛上那讓我們情緒大起大落、那不該愛上的爛人呢？

其實情緒的運動，跟我們為了求生的那分意志有很大的關係。搞懂這一點，才能知道如何從情緒的根源下手。

04

混亂的情緒刺激，才是活著

〔煩惱〕

人生真是充滿了折騰。

我是一個一向都很忙碌的人，這幾年來最空閒的時候，應該就是每週上髮廊剪髮的那段時間吧。

躺在洗頭台上幾乎什麼都不能做，連我平常習慣拿起手機、打開記事本寫文章的慣性也沒有伸展空間，只能平靜地躺在那裡，有一搭沒一搭地跟設計師聊聊天。

我曾經嘗試過休假，但從年輕開始就沒有停下來過的我，幾乎隨時隨地都在看書，不然就是寫文章、記錄資料，手邊的書籍也都是與專業有關的資料，連一本小說都沒有。這樣的生活慣性，導致我只要努力嘗試「放空」個兩天，就會受不了的開始工作，完全無法放假。

放假應該是很開心的，對吧？但是應該沒有人可以一直放假、什麼事情都不做吧？

事實證明，這種日子沒有人是過得下去的，為什麼呢？

「快樂」不如想像？

我先回來講一個故事：以前我在印度讀書的時候，第一堂課開始，老師就不停地告訴我們一件事情：「所有的生命都冀望快樂，不想要痛苦。」

這段話的原型來自印度一個知名的學者 Shantideva（上一章有提過他），在他的著作裡面有很經典的一段話：「大家都想要快樂，可是卻不小心把快樂當成敵人一樣給摧毀掉了。」

這段話一直是我的信念，也是我的理解：傳統佛教學院中，往往會一再強調理性的重要，告訴我們情緒是如何地摧毀自己，同時也摧毀他人，只有訴諸理性，才能讓自己得到平靜。

等到我回到現實社會中，發現壓根就不是這麼一回事。

別的都先不要講，大家工作辛辛苦苦、兢兢業業都是希望能過上好日子吧！年輕人的夢想可能比較單純，或許就是在賺到一筆錢之後，能夠出國去哪裡玩，或是環遊世界。

我們往往以為「快樂」是某個標準，到達那個標準「我就會快樂」，比如買到一部奧迪跑車、帶領公司到達一定的業績就能帶來「快樂」，但問題在於，當我們成就那個標準之後，快樂卻沒有想像的那麼多、維持那麼久。

一個很常被男生提出來形容的例子就是「當兵退伍」，當兵的過程中好期待退伍那天的到來，但是等到真正拿到了退伍令，卻會有種「啊！就這樣嗎？」的悵然若失感。

有欲望，才會追求，才像活著？

早上我看到了新聞，想到去年鴻海才剛剛買下夏普，新聞說是鴻海打算將他們在夏普裡面成功的經驗，推廣到其他公司，下一個目標是東芝。

理想主義者可能會對這件事情大作文章，說類似「有錢人的欲望也沒有滿足的一天」、「人都要學會滿足」，但是光是這樣怨天尤人地說「人的欲望沒有滿足的一天」無濟於事，我要討論的是「為什麼」人會一直計畫著未來。

所有生物活在世界上，基本上就是要一直活著、一直生存，所以我們必須找來一堆東西，來建立安全感，保證我們生存的穩定性。

我們的大腦是一個很巧妙的東西，它永遠不會「自動」覺得自己現在「很安全」，所以當我們滿足了它的需求之後，它會平衡回來，開始尋找「不安全」的理由，然後驅使我們再去做更多事情來建立安全感。

人的欲望沒有終止的一天，這是事實；但正因為是事實，所以說這句話也就是廢話，因為這是無法改變的。反過來說，如果人的欲望有終止的一天，反而是不安全的。

如果有一天我們的大腦覺得很安全、一切欲望都滿足了，會怎麼樣呢？

那我們的生命將會非常短暫。

根據一個科學試驗，幾位生物科學家組裝一個器具，它的電線連接到了幾隻老鼠的大腦裡，操控釋放「滿足感」的激素。這條電線連接到一個踏板，這幾隻老鼠們只要踩一下那個踏板，大腦就會被器具影響，釋放出一陣滿足感的激素。

想當然爾，這幾隻老鼠整個High了起來，不停地踩著那個踏板，處在一種很飄飄然的狀況中；但問題來了，他們一直踩、一直踩，踩到連吃飼料的時間都過了也不管，只想繼續踩，寧可放棄食物也不想離開踏板。

一直都不吃飯的人會死掉，一直都不吃飼料的老鼠也會死掉。

發現這弔詭的地方了吧！所有的生物根本不可能找到一個我們認為的「快樂」，簡單來說，那是因為我們的大腦知道，一但我們一直處在一個「滿足的狂喜」中，就會忘記自己的一切安危，連生理需求都不管，那我們的生命就會有很大的不定性。大腦有責任避免這樣的事情發生，所以它會不停地拿捏平衡，讓我們不會一直處在這種感受裡。

計畫外的變化，因經驗而生存

跟其他動物相比，人類為了生存必須付諸更多計畫，無論是明天、下個月或是明年的工作與假期，為未來計畫是非常重要的一個能力。

然而，我們的計畫往往都是用自己過去的經驗作為素材，去「推測」未來的事情；但是未來是未知的，當它到來的時候，變數往往會大到超越我們的掌控。這不一定是壞事，而是一般來說「都很瘋狂」。

我遇過許多的女生告訴我，他們在遇到「誰誰誰」之前，從來沒有想過會與比自己小的男生交往、沒想過會這麼快愛上一個人、沒有想過有一天會結婚，這些事件都是超越他們計畫與掌控的，甚至有些與他們本來的想法「背道而馳」。

這種事件往往讓人充滿了激情，熱戀的能量是如此地強大，身邊的人都會說「他被蒙蔽了」、「他被愛沖昏頭了」，其實，這是非常正常的反應。正是因為大腦不曾面臨到這樣的狀況與訊息，所以想要快速吸收與這種感覺有關的經驗，也可以稱之為Data，才能用理智的「哺乳類腦」去分析它；為了吸收這些經驗，所以它驅使當事人一味地陷在這種「激情」中。

你用過斧頭砍樹嗎？我相信絕大多數人應該是沒有，我小時候也沒有用過；但是等到我到了印度讀書，必須按月輪班，在一小時中劈出裝滿十個大米袋的木柴後，我很快地就學會了這個技術，為了能夠在那個環境中生存下去。

當我們遇到前所未有的新體驗或知識，大腦會自動判斷它對我們生存的重要性；如果這種經驗能夠讓人在社會上生活得穩定，大腦就會驅使當事人好好地理解它，比如熱戀就是如此。所以年紀輕輕就談過一場驚天動地的熱戀和激情反而是件好事，它提高了我們生存的機率，讓我們不會在接近不惑之年的時候，還被「感情詐騙」。

很瘋狂的不只是愛情，反面來說，當未來變成現實的樣子，與我們精心的計畫不太一樣、甚至差了十萬八千里，這種正面衝突感帶來的往往是強烈的憤怒。相信曾經面臨到班機誤點、餐廳訂位被莫名取消的朋友，知道我在說什麼。

簡單來說，當我們不熟悉眼前的狀況、不知道如何理智面對這個問題的時候，就只剩下情緒可言。

會干擾理智的，都是煩惱

一般來說，大家都強調「不要有過多的情緒」。但有趣的是，人類文明對於同樣是情緒的貪愛與憤怒，卻有極端的評價：歷史上許多詩人都歌頌激情的偉大，但是大家都一致譴責憤怒帶來的毀滅性後果。

依照悉達多的看法，這兩者都被歸類在所謂的「煩惱」之中。「煩惱」這個詞特別有趣，現代人會用到它，一般都是指讓人憂愁或焦慮的事件或思想，大都與後悔跟曖昧不明的推測有關，往往帶有負面的含義。

但是在佛法中，煩惱的定義不太一樣，在一部名為「禪修者的共通基礎理論」《瑜伽師地論》的文獻裡面說：

「要知道，煩惱有很多特點：一開始它會干擾內心，令人經驗錯亂，同時會強化潛意識的情緒，更驅使情緒持續運作，它會傷害自己也會傷害別人，更會引生許多惡劣的行為。」

（當知諸煩惱有無量過患：謂煩惱起時，先惱亂其心，次於所緣發起顛倒，令諸隨眠皆得堅固，令等流行相續而轉，能引自害、能引他害、能引俱害；生現法罪、生後法罪、生俱法罪。）

煩惱有一個很大的特質是「干擾理智」，它剝奪了我們的理性，讓我們做出許多帶有傷害性的行動。

問題來了，「貪愛」應該是一個正面的情緒，怎麼會做出傷害性的行為呢？

你應該也跟我一樣在社會新聞上看過愛人愛到出事情的吧？我不是說愛到要你死那種，我是說愛到義無反顧，不顧家人的擔心與緊張，離家私奔的那種。

作為社會性動物，人類大腦中的「靈長類腦」有一個很大的機制，就是維持我們與社會的互動；但是煩惱剝奪了我們的理智，甚至讓我們變得有點失去靈長類的特性，回歸到「哺乳類腦」這種根據情緒判斷來行動的機制。

這種「煩惱」令人很討厭的一件事情是：它不但是情緒，還是對立性的情緒，造成我們的大腦不同部位之間對立的情緒，這不但會讓我們做出失去理智的行為，更會讓我們的認知出現問題。

那，如果我們的「貪愛」或「憤怒」並沒有強烈到剝奪理智，那還算煩惱嗎？

姑且不論「剝奪理智」的界線與標準在哪裡，如果真的是如此，那的確不算是煩惱，然而這個議題更多的細節，會在之後的章節中談到。

情緒豐富了我們的生命？

煩惱破壞理智，但它真的很討厭嗎？

我在多處講學的經驗中，每次談到煩惱、再解釋到超越煩惱的理智時，往往都會有台下的學生舉手發問：

「老師！沒有愛與恨的生活很無趣欸！」

的確如此，大家都說寧可要過一個精采激昂而短暫的人生，也不要過一個長久但平淡無聊的日子，情緒的波動讓我們深刻地覺得「我活著！」

更有甚者，有些人會慣於陷在情緒當中，明明他知道某件事情在理智上沒有錯、明明知道那是可行的，但是卻硬要讓自己陷在悲傷或憤怒中。

這種表現與之前提到過的「熟悉感」有莫大的關係。我們人對自己的認識，往往在青少年期間建構完成，也就是說，從三歲到十五歲左右的這段期間，我們會建構出「我」是一個什麼樣的「樣子」這個經驗。

當我們邁入成年，往往就會在無意之間，回到那種經驗之中而無法自拔，這是一種回憶、一種強化「自我」的經驗。

舉例來說，我有一個朋友是個事業女強人，四十多歲就在金融界打響名號，月收入上百萬，但我知道白手起家的她，十多歲二十歲的時候，為了家裡的債務，從在夜市擺地攤開始，一步一步地走到了現在的局面。

所以，儘管現在她看起來很風光，但私下時常陷入那「為了父親的問題而感到無助」

的惆悵與悲傷感中。作為旁觀者的我們一定會想：「奇怪，啊債不是還完了，現在也過得爽爽的，就算父親現在鬧出什麼事情，妳也能輕易解決，惆悵幹嘛啊？」但是她其實是回憶、重新陷在那當年的情緒經驗，來回味「我」這個樣子。

為什麼要透過陷在當年悲傷的情緒來回憶「我」呢？因為我們對「我」的認識大都建構於青少年期間，而這個階段中，她經驗到了許多悲傷，這些經驗建構出了她一輩子對於「我」的認識呀！

除此之外，人類會自動傾向於希望人生中充滿豐富的情緒或煩惱，很大的一個原因是因為，這些情緒豐富了我們的生命，或者說，讓我們的生命更安定。

這個道理跟我們上面提到「激情的出現，代表大腦正在經驗它不曾遇過的經驗或它不曾預想到的狀況」，大腦自己知道，激情代表他正在解決 Bug 或吸收 Data。

當我們遇到精心計畫以外的狀況，會感到強烈的憤怒，而這種憤怒正是大腦內部出現的警示，它告訴自己：「欸！你這邊有 Bug 喔！你推算失策了喔！」同理，當我們陷入熱戀之中，也是大腦內部的警示：「這個經驗沒有過，快點吸取大量的 Data 來分析！」

無論是解決 Bug 或是分析數據，它的目標與導向都是一樣：保證我們在這個危險的社會上生存的機率，就像一個軟體，必須不停解決 Bug 並更新數據，來維持它的領先地位一樣。

【問答】

Q：為什麼說「煩惱即菩提」？是什麼意思？可能做到嗎？怎麼做？

A：煩惱即菩提的本質，指的是所有的情緒本身，都有覺悟、認知、經驗（經歷）的能力。

所謂煩腦即「菩提」，是在肯定，「煩惱」本身並不是一個絕對好或絕對壞的東西。相對於西方哲學，東方思想很重視的就是，並沒有存在一個絕對對立的善跟惡。換句話說，不一定煩惱絕對惡，而菩提絕對善。而是煩惱中有可以提煉出善的一個面相。只不過是我們把現有煩惱中的一些東西給拿掉，它就是菩堤了。而這些東西具體來說，就是綁架了理智的那種情緒，只要我們把情緒迷亂的特性拿掉，這樣煩惱本身就是覺悟。

它是可能做到的啊，但是非常困難。換句話說，要把我們在經歷一件事物時的那些非常焦躁的情緒拔除，這是煩惱即菩提的正確做法。

舉個例子來說：我現在在看著桌上這杯水，可是我卻戴上有色鏡片，所以其實我看不清楚水真實的樣子。這個有色鏡片，就是煩惱。而當我把這個有色鏡片拿走，我看到了真實樣子，這就是菩提。但當然，我們在那個情緒的當下，我們連意識到的情緒，就是意識那有色鏡片的能力幾乎都沒有，更何況是要拔除呢？那這真的是非常困難的。

Q：想要快樂、追求快樂是否也是一種欲望？

A：想要快樂的這個「想要」，可以視為一種欲望，但是並不是強烈的貪愛，因為它並沒有綁架我們的理智。換句話說，單純的想要，並不構成佛法所說的煩惱。

Q：什麼樣的活著是一直活著，什麼樣的生存是一直生存？

A：活著與生存的本質就建立在：我們不停希望自己不要消散，可以把自己的基因傳遞下去。這樣的一個本能，在兩個時刻會彰顯特別明顯。第一個是在我們想要交配的時候，第二個是在我們即將死去的時候。這個本能被認為是為什麼人類會一再一再轉世的關鍵原因。

Q：快樂是滿足欲望嗎？快樂是沒有欲望嗎？快樂是一種安全感嗎？

A：樂跟欲望是二件事情。「快樂」是我們的大腦對於我們蜘蛛網膜（練習）給予的一個嘉獎。就好像你做一件事情，有一天你做對了，所以你會有一種快樂感受。因此快樂本身是感受，它不是一個感覺，也不是欲望。「欲望」是希望有更多這個感受。這個，稱之為欲望。所以「快樂」本身，不是好也不是壞，不是對與錯，它是很中性的東西。因為它只不過是一種感受而已。

Q：情緒的支點很容易辨認，但理智的支點是什麼？

A：情緒與理智其實並不是佛法最重視的。因為所謂的理智，代表著是一種知識性、思考性、概念性的智慧。然而佛教所強調的智慧，是經驗性、是透過禪修所培養出來的，而不是單單用大腦思考出來的。

Q：完全沒有情緒或完全沒有理智的「我」是存在的嗎？理智除了可以讓「我」少一點煩惱，還有什麼好處？

A：「沒有情緒的我」或是「沒有理智的我」存不存在這個問題，以佛法來看，是完全沒有討論意義的。因為佛法並不追求「要找到一個完全沒有任何東西的我」。

佛法認為，當我們想要找到一個存在的「我」的時候，其實是在特定的位置創造一個愛，就是愛上這個我，想要保護這個我，不要被情緒或任何理智干擾。而這個「愛上我」的這個想法，在佛法裡稱之為「我愛」，本身就是煩惱的根源。因此，努力要找到沒有情緒、沒有理智的我，反而只有壞處，沒有好處。

情緒的震盪既然源於強烈的求生本能，那這樣的求生本能到底是什麼？

站在走向解脫的立場，認識到這個本能的運作，非常重要，因為正是這個本能，催生出了一代又一代充滿瑕疵的生命。

05

愛，是本能

〔觸、受、愛〕

我前陣子的某一天晚上看了一部電影，喔，其實是兩部，在看完一部「年度必看電影」，意猶未盡的我又選了第二部電影看，一部我的某個朋友推薦的電影。

相信大家都聽過《控制》這部電影吧？我朋友在向我推薦的時候，說那部電影幾乎就是「香港版的《控制》」，於是我相信他了，於是我後悔了。

那部電影是張學友主演的《暗色天堂》，裡面描述一個身兼牧師與生技公司老闆二職的主角，在一次酒後亂性後（不是你想得那種，真的，無力多了），痛失了現有的一切。其中當這位牧師在禮拜堂講道的時候，他用「蘋果」來譬喻欲望，說鮮甜美味的蘋果雖然好吃，但是裡面卻帶有蘋果的子跟蒂，一不小心把它吃下去就沒那麼美味了。

主角用蘋果的這個例子來說明欲望：欲望誘人，但是裡面藏有危險，我們往往不懂得如何分辨誘人的欲望與其中的危險，不懂得怎麼「吃到美味，避免危險」。

這是在探討欲望時滿典型的一種論述：欲望美味，但是裡面藏有致命的元素，要謹慎小心。

你愛冰淇淋，還是愛冰淇淋的美味？

欲望這個東西從古至今，許多人都進行了大力的批判，特別是右派保守主義的「道德家」們，更是對欲望感到非常痛恨與恐懼。比如中國知名的理學就以「存天理、去人欲」作為他們很重要的論述，程子更說：「人心私欲，故危殆，道心天理，故精微，滅私欲則天理明矣。」

最典型的例子是：「飲食者，天理也，要求美味，人欲也。」進而將欲望視為某種罪惡，某種干擾「天理」、干擾「社會穩定與治安」的誘因。

討論欲望之前，我們得先知道一件很重要的事情，就是到底欲望的對象是什麼？

首先，從之前的章節中我們可以知道，我們所經驗到的，都是神經傳導的訊號，而不是事物本身，所以朱熹所提出的這段話就得改一改：

「欲望，不是想要『嚐』美食，是想要『嚐』神經傳來的『美味』信號。」

這有差嗎？

有差，雖然我也覺得很拗口，但這是個非常重要的認知。因為悉達多的發現告訴我們，這代表我們深深熱愛、貪戀、想要的，是「感受」而不是物質。

比如說吧，天氣熱呼呼的時候，我們想要吃冰淇淋，舔了一口冰淇淋感到很滿足的時候，你以為你愛的是冰淇淋，但其實你愛的是冰淇淋帶給你的感受。

這在悉達多最早期的談話紀錄中有明確的記載：

「感官、物質跟經驗的結合，就會傳導出信號，這個信號是感受的源頭，而感受又會帶來貪愛，貪愛循序漸進，產生了種種的痛苦。」

（三事和合生觸，緣觸生受，緣受生愛，乃至純大苦聚生。《雜阿含經》）

之前說過，從生理上來看，我們的感官將接觸到的一切變成信號，傳遞到大腦，而當大腦「接收到」這個信號時，就稱之為感受。

以剛剛說的冰淇淋為例子吧！我特別喜歡香草口味的冰淇淋，清爽的味道不會這麼膩。當我的舌頭（感官）舔到冰淇淋（物質），這個信號透過我舌頭的神經（經驗）傳導到大腦（三事和合生觸），當大腦接收到這個訊號（受），進而判斷「這個好吃，我喜歡」（愛），阿至於痛苦怎麼來的嘛……我們之後再說，先吃完這個冰淇淋吧！

愛是本能性的，貪是情緒性的

我們在成長的過程中，腦神經的迴路其實已經有一套套固定的跑法，所以它的過程往往快速到我們沒有認知到，光是剛剛提到的這幾個步驟，以成年的人類來說，可能在不到一秒的時間就跑完了。

這有一個比較大的問題，在於「正因為這個迴路跑得太順太快，所以有些步驟我們根本分辨不出來」，具體來說，是我們分辨不出來「感受」與「喜愛」。

就像這個香草的訊息吧！當大腦接受到這個訊息的時候，這個訊息是「中性的」，也就是不好也不壞；然而，當我們的大腦更進一步判斷「這是我要的」時候，會將這個感受認定為「好的」、「美味的」，同時喜愛上它。

這邊的這種喜愛，是屬於本能性的「愛」。「愛」跟「貪」這兩組反應，在佛法裡面屬於不同的範疇：

愛是本能性的，而貪往往是情緒性的。在本能性的愛發動之後，才會進一步帶動情緒性的煩惱開始運作。

悉達多對這樣的過程做出詮釋：

「物質、感官與經驗的接觸會傳導訊號，大腦接受到這個訊號後，會產生『愛』，而『愛』進一步會產生『取』。」

（三事和合觸，緣觸受，緣受愛，緣愛取。《雜阿含經》卷8）

要知道什麼是「愛」跟「取」，就得從這個本能與情緒來討論。很多佛教徒誤以為愛就是煩惱，但事實並非如此，因為煩惱是情緒性的，而愛是本能性的，這在佛法中一部非常重要的著作《成唯識論》裡面有提到：

「雖然所有的煩惱都屬於『取』，但它們都來自『愛』的催生，所以『取』也稱為『愛增』。」

（雖取支中攝諸煩惱，而愛潤勝說是愛增。）

從這段話我們可以知道：「愛」不是情緒（因為所有的情緒都是屬於「取」），「取」是本能的愛固化成的各種情緒。

這其實也挺符合現代醫學對大腦的解釋：人的大腦分成三個區塊，本能性的腦幹、情緒性的腦緣與理性的腦皮質。

本能性的腦幹又稱為爬蟲類腦，任何本能性反應都是由其掌控，而佛法所說的「愛」應當是這個區塊的反應。

腦緣又稱為情緒腦，主管任何的情緒，也就是包括「貪」等等的一切煩惱，所以佛法談的「取」，明顯是屬於這個區域的運動。

愛是屬於本能性的反應，所謂的本能性反應、也就是我們大腦為了保證我們生存的反應，這是幾乎所有動物共有的特質。在佛法中，也有許多資料佐證了「本能性的愛是保證生存的重要條件」，比如第七世紀的知名佛法認知學家法稱（Dharma Kirti）在他的著作裡說：「若有愛，仍當出生故。」

然而，同時身為大腦高度發展生物的人類，我們的大腦除了有本能性的腦幹，還有情緒性與理智性的腦緣跟皮質層，如果情緒與理智都被本能給綁架了，就是個大問題。

上面提到，所有的情緒都是來自愛的催生，用現代話來說，就是來自我們本能性的腦「綁架」腦緣，這樣的過程就是所謂的「取」。

情緒被本能綁架的典型反應，就是「理智再怎麼樣都無法解開它當下的執著」。在藏傳佛教寺院的牆上，大都會有一幅描述輪迴、情緒反應與轉世的壁畫，其中有一張圖正是對應到「取」，上面是一隻餓了許久、用雙手雙腳抓住一個芒果的猴子，這隻猴子再怎麼樣也都不會願意放開它，很傳神的描繪出了本能綁架了情緒的反應。

因此，平心而論，「愛」是保證我們生存的重要元素，將愛視為「存天理、去人欲」中必須消除的欲望，潛台詞變成「會去除我們人類生存的重要要件」。然而，正是在這個地方，佛法與其他的哲學、宗教劃下了明確的界線。

「愛」，是痛苦的源頭嗎？

如果你還記得第一章節的內容，你就會知道，佛法在早期最大的目的之一，就是不要再轉世，如果用現代話來說，就是不要再生存了；因此，用更激進的語言來講的話，如果悉達多與他的追隨者們中，有人認為人死了之後不會再有轉世、不會再有無窮無盡的生命等著我們，那狂熱者可能就會去自殺，為了結束自己的性命。

因為，這個生命過程在我們大腦的刻意設定下，永遠都在不滿足與追求中掙扎，這在第四章有詳細的介紹。而這樣的生命用現代話來說——太苦了。

弔詭的地方出現了：早期的佛法既然追求不再轉世，那也就是要把這個本能性的「愛」給拔除掉，這與其他宗教跟哲學反對欲望的立場，不是一致的嗎？

其他宗教或哲學反對欲望的立場，與現代自由市場的理論其實是完全背道而馳的；前者主張欲望的邪惡，後者則主張欲望是促進市場經濟蓬勃發展的重要要素。

舉例來說，以基督宗教來看吧，基於神造世人的立場，自然更進一步強調：符合神設計的欲望並非邪惡，但破壞這個架構的欲望就是邪惡的。所以他們關注的不是欲望本身邪惡與否，而是站在「符合神的意旨與否」來進行探討。

這個立場其實跟理學家有點類似，只是一派稱為「神」、一派稱為「理」，但最大的特性，都是認為「這個東西」如果違背先天的設定或是某種宇宙中的真理，就是不對的。

然而佛法在分析欲望的時候，分成「愛」跟「取」來討論，而不是單純把它歸類在一個「欲望」中，是悉達多從深刻的經驗與觀察得出的結論。這有一個很重要的意味：「愛」本身並不一定會導致轉世與帶來痛苦，「取」才是問題的關鍵。

根據印度一位非常知名的佛學家——出生在二世紀的龍猛（Nagar Juna，又譯作龍樹）——在他的著作《中論》裡的主張：

「『取』導致了轉世，如果沒有『取』，就能得到沒有轉世的解脫。而轉世導致的，就是生、老、病、死的憂悲苦惱。」

（因取故有有，若取者不取，則解脫無有。從有而有生，從生有老死，從老死故有，憂悲諸苦惱。）

可見，帶來轉世與痛苦的關鍵，在於「取」而不只是單純的「愛」，所以佛法反對的並不是本能性的渴望，而是當本能綁架了情緒與理智所帶來的執著。

簡單來說，佛法反對的欲望，不是本能性的欲望本身，而是綁架了情緒與理智的欲望。

綁架情緒與理智的，就是「煩惱」

綜合以上所說，我們知道本能性的「愛」與情緒性的「貪」是不一樣的，也知道佛法反對的是「取」，而不完全是單純的「愛」本身，也知道了我們「愛」的是「感受」而不是物質……

可以得到的結論是：本能性的「愛」是為了保證我們的生存，而「它」愛的對象又是「感受」；更進一步來說，就是「渴愛感受」是人類生存的重要本能，而當這種「渴愛」強大到綁架了情緒與理智，那就是佛法說的「煩惱」。

正因為這是一整個過程，所以佛法在「消除煩惱」上的方式就有幾種不同的版本，在不同的時代與地區，由不同的大師們所提出，適合著不同的人們：

• 我們可以試試看從本能性的「愛」來下手，讓我們大腦接受到「感受」後，不要產生愛……

• 我們也可以試試看從「愛」到「取」之間的聯繫下手，讓我們本能性的渴望出現後，不要綁架理智與情緒……

• 或者我們也可以從感受的源頭下手，讓我們在解讀感受的時候有不同的反應……

這個過程是很彈性的，更多的細節我會在之後的章節討論，而現在我要更進一步討論的是「感受」本身。

感受的來源

上面用來解釋「觸、受、愛、取」的例子很簡單，是站在直接的生理刺激與反應來介紹的。包括冰淇淋與蘋果，都是很單純的生理刺激，與概念的運作跟大腦的理智判斷沒有太多干涉。

在悉達多與弟子們的對話紀錄中，當他們在探討「觸、受、愛、取」，也往往是以這種單純的生理刺激來討論。或許在兩千多年前的社會中，百姓面臨到的問題相對單純，但我們現代人每天面臨到的煩惱，往往不是單純的生理刺激。

舉個例子吧！前幾天我一直等著遠在尼泊爾的同事將一份影音紀錄傳給我，但是當地網路很慢，同事也很忙，檔案也不小，所以我大概等了兩天，才拿到下載的連結。

等我迫不及待地打開那個檔案，發現長度跟我印象中不太一樣，我快速地轉動上面的時間軸，想要確認我需要的那段紀錄有沒有不小心被剪掉。

整個過程我當然很緊張，因為這是份重要的資料。等到我終於看到那段紀錄的存在，整個身體也就放鬆了下來，才注意到剛剛自己緊張的時候心跳有多快、又感受到臉好紅，可見血液也快速地流動著。

可想而知，如果我發現那段資料被剪掉了，一定會有憤怒的情緒；反之，確定它的存在讓我感到安心。這種屬於情緒層面的反應，卻不是單純的生理感受帶來的。

給我帶來焦慮感與之後的安心感的，並不是那個影片本身，也不是那個對話的聲音，而是這些東西讓我大腦產生出來的「計畫」、「概念」、「想法」，與生理刺激帶來的感受相比，這是屬於「概念」導致的情緒反應，兩者並不相同。

而他們的關鍵差異與各自的處理方式，我們會在之後的章節來討論。

【問答】

Q：「觸、受、愛、取」的差別？

A：我們的感官接觸到外在的事物，我們稱之為「觸」。而這個接觸之後，必然產生所謂的感受。也就是說，在我們的感官沒有在壞掉的情況之下，一定會產生所謂的感受。而我們對這個感受，產生了經驗之後，就會對它產生了喜歡或者是討厭。最重要的是：我們所喜歡的或討厭的事情，是感受，而不是外在的事物。我喜歡冰淇淋，是喜歡冰淇淋的味道或者是冰涼感，而不是冰淇淋本身，我們是喜歡大腦接受到資訊之後釋放出來的感受。這樣的一個喜愛，變成極為強烈到完全無法克制的地步，我們稱之為「取」。因此，關鍵點在於：「觸」會變成為「受」，是無法改變的。受出現之後，產生「愛」，也幾乎無法改變的。現階段我們可以先練習的是，讓「愛」不要強烈到剝奪了理智。換句話說，讓「愛」不要變成「取」。

Q：如何在發動本能性的「愛」之後，不產生情緒性的「取」？

A：本能性的愛產生之後，當我們的心中足夠穩定，了解到自己內心產生的每一個環節，那它就不必然產生情緒性的「取」。我們現在會從「本能性」到「情緒性」之間轉換地如此快速，主要的原因是：我們已經養成了這個習慣。但是我們的大腦，具有很高的可塑性，我們也有可能養成另外一種習慣；而養成另一種習慣之前，我們必須先讓原本這個習慣的速度放慢，不要讓它快速地跳出一系列的情緒性反應。所以只要把這個東西放慢，讓本能性、情緒性之間的迴路放慢，就有可能安排或者是建立一條新的迴路，新的一條認知道路、認知經驗。

Q：欲望中的致命元素是對誰致命？

A：欲望的致命元素可以說是對我們自己致命，也對我們的經驗事物致命。它是整體性的。舉個例子來說，當我們身在某一件事情裡，又害怕它消失的時候，其實，我們在忙著害怕，而不是在忙著經驗它。我們喜歡現有的生活，過得很開心，又害怕我們不能再過這樣子的生活的時候，其實我們已經放棄了「去開心的過當下這個生活」的權力。因此，欲望帶有個致命元素，是對我們未來致命；也對我們當下在經驗的過程，會產生致命作用，因為它剝奪我們的經驗。

Q：當我們可以認知，欲望的對象不是物質而是感受時，我們就可以不執著、不貪了嗎？

A：當我們了解到欲望的對象是感受，並不代表我們就可以快速的不貪，或者是不愛，而是告訴我們，我們有這樣的可能性。如果我們欲望的對象是外在的物質，那只要物質一出現，欲望就必然發生，這沒辦法改變。然而，就因為我們欲望或者是我們熱愛的對象，並不是因為那個外在的物質，而是內在的感受，物質給我們帶來的經驗與感受，所以我們才有扭轉這個欲望的機會與空間。

Q：愛與理智可以共生共存嗎？理由是什麼？

A：愛與理智是可以共生共存的。主要原因是：愛本身帶有的特性是不捨棄，是經驗；然而理智是指，不要讓這樣的一個愛與經驗，剝奪我們關照或者是注意他人的機會。許多的愛會過度強烈到讓我們忽略他人的主觀「經驗」，忽略他人的自由。恐怖情人或者是情緒勒索的家長等等，就是最好的例子。但是愛與理智共存，在理智出現的當下，它還是有那樣的愛，但是它能夠正確的去愛。因此理智提供的是：能夠用正確的方式去做事情，而不是徹底把愛給拔斷。

所以，在佛法的世界觀裡面，理智與感性，並不是絕對對立的。而是：一個是技巧，一個是方法。簡單說，處理事情的時候，採用的是一個：到底我是要「情緒性的愛」還是「正確的愛」，這樣的差異而已。

Q：當我們能認知到情緒被綁架了，還需要處理它嗎？

A：當我們認知到情緒被綁架的時候，並不代表我們就能夠讓情緒自由。佛法的論點並不是在問題出現的當下與問題對幹，而是從問題的源頭上下手，了解到，情緒被綁架不代表我們就能讓情緒離開我們，而是要徹底的理解到，情緒本身也帶有不停變化的特性，它是可以離開的。但這樣的了解，並不是在情緒出現時才可以作用，而是我們在日常生活中，就持續觀察到情緒、概念、感受……不停變化的這個特性，必須在平常就養成這樣的習慣。換句話説，應該是養兵千日，用在一時，而不是臨時抱佛腳。

我們往往誤會了「有所追求」和「求生的欲望」。我最常聽到他人的提問就是：「想要解脫」不也是種欲望嗎？「想要」本身就是「欲望」嗎？如果是的話，那追求解脫，不也就是痛苦的根源嗎？

06

上癮的真相

（愛、欲望與想要）

我的第一台 Macbook 是在二〇一二年的時候買的，雖然平常只處理簡單的文書、影片編輯的工作，但是已經變成「果粉」的慣性，讓我手上的 3C 產品幾乎都帶有那咬了一口的蘋果商標。

二〇一五年的夏天，我正好在印度西北方、接近巴基斯坦的地方開會，這部電腦卻意外地壞掉了，完全無法開機。

等我回到台灣，自然帶著它去專業門市尋求修理，裡面的工程人員將電腦拆開來，搗弄半天之後，告訴了我那個我不想聽到的消息：

「你這台要修的話會很貴喔，它的主機板（還是什麼零件？其實我忘記了）壞了，這個型號現在其實也停產了，修好之後的效率也不高，不如乾脆重新換一台！」

真是晴天霹靂啊！

這個事件之後，當我開始刻意觀察身邊的一切，發現一件很有趣而共通的事情：平價服飾一間一間地開，衣服的汰換率越來越高，網路商城與電子商務也越來越昌盛，這一切的背後都有一個同樣的特質：買，快買，快買快換繼續買！

總是「想要更多」與「不會滿足」

世界知名的最窮總統——烏拉圭前總統兼革命家何塞・穆希卡（José Alberto Mujica Cordano）先生，曾經在二〇一二年的世界永續發展高峰論壇上一針見血地指出：現代世界的經濟體制，是建立在社會大眾必須不停消費的前提之上，透過不停不停地消費，來促進經濟發展。

這種「不花錢，經濟就會停滯」的思想，幾乎是現在世界的經濟運轉主流。政府在數年前舉債發放消費券，也就是站在刺激消費、帶動經濟活絡的立場。

這種思想，我們統稱為「消費主義」，消費主義可怕的地方有很多，但我這邊特別要強調的是它病態的一個地方：刻意浪費地球資源。

舉例來說，一顆明明技術上可以使用長達到數萬小時的電燈泡，廠商在製造的時候就「刻意」不要讓它的壽命這麼長，在遠遠不到它的堪用時間，就必須被汰換掉。

這種體制是「刻意」的，為了讓大家快速地消費；在買、換、買、換的循環間不停地跑著，這樣才能保證「消費」。

消費主義其實是利用人類的欲望，也就是「想要更多」與「不會滿足」的這兩個特性，在現代世界大行其道。

其實不只是一般的消費，現代人們追求什麼都要求速食。我有不少在網路上做行銷的朋友，他們必須非常細緻的去估算消費者進入商城到購物完成的時間，哪怕只是多一分鐘，消費者可能都會等不及而跳離了視窗。

不但是購物，連感情也是這樣。我身邊有些人，之前看他們與交往對象愛得要死要活、山盟海誓的，結果分手之後不到一個月，馬上就出現另一個山盟海誓的對象。慢慢發現這個狀況好像越來越普遍，越來越多人需要愛情的滋潤，感覺好像身邊沒有一個人就活不下去，而且越來越「速食」。

欲望是人類生存的最大動能之一

沒有耐心、索取無度、無法滿足的這些特性，可以總括為「欲望」的特質。

其實消費主義的確有它的背景與理論基礎。也就是說，人類文明的進步與商業的發展，幾乎可以說是息息相關的，特別是在工業革命生產力大幅提高之後，商品能夠更快速地製造出來（機器的效率畢竟是高於人類的），這些商品讓貿易活動變得更為頻繁，自然就創造出更多的繁榮。

根據知名經濟學家約翰・希克斯（John Hicks）的研究，工業革命的發生，並不是因為有什麼新的技術被發明了，而是「工廠能夠跟銀行預借資本」這個制度的穩定導致。我們也可以說，人類的欲望並不是因為商品被大量製造才發洩出來的，是一直潛藏的因子，等待機會發揮而已。

可見欲望是人類生存的最大動能之一。那到底什麼是欲望？如果結合之前各章節的內容，我們會發現：欲望，是一種「驅使我們生存下去」的動力。

欲望對人類來說是必然的，沒有欲望幾乎等於對生命沒什麼期待。在一位知名緬甸佛學大師馬哈希的著作中，他介紹了所謂的「阿羅漢」，也就是徹底斷絕了欲望者的人生觀：

「因此，當阿羅漢考慮有關他們的壽命時，他們只會自忖：『我還要忍受負擔此身心多久？』由於阿羅漢已全然醒悟，對生命不存任何幻想，在涅槃後，他們的生命之流即會完全終止。」

因此，我們可以說，失去欲望，也就失去了生存的動機。

欲望的問題在「貪愛」

更深入地來看，為什麼我們為了生存，就必須有欲望、也就是想要得到東西，無論是物質帶來的刺激，或是精神上的感受呢？

這個跟我們人類的生理架構很類似：大家都知道，人類需要進食，但是根據佛法更細一步的主張，認為不但我們的肉體需要進食，我們的心理（或是精神）也需要吃東西。

佛法中談到，所有的生命體的精神都需要食物來養育它們，這種食物進一步可以分成三種：「觸食、思食、識食」。

其中的觸食，廣義上泛指一切生理的享受，包括泡澡、按摩、穿舒服的衣服；但狹義上，特指的是性行為。《正法念處經》中說：「四觸食者，所謂諸鳥，何者謂觸，觸者謂欲。」此處明確談到「觸食」狹義的定義及是「性慾」的滿足。何以得見呢？因為佛法中往往以鳥類來譬喻性慾。

那什麼是「思食」呢？《成唯識論》中說：

「第三種食物，就是『思食』，思食帶有渴求的特性，它與欲望一起渴求可愛的東西，而這樣的『思』主要是意識的作用。」

（三意思食希望為相：謂有漏思與欲俱轉，希可愛境能為食事。此思雖與諸識相應，屬意識者食義偏勝。）

這些「食物」是生命生存的必要條件，在《雜阿含經》裡面說：

「世尊告諸比丘：『有四食資益眾生，令得住世攝受長養。』」

那麼，在我們的內心「進食」之後，會發生什麼事情呢？

在一段悉達多與一個叫作「頗勒窶那」的學生的談話紀錄中記載：

「頗勒窶那啊！要知道：『識食』能夠催生未來的身心組合。」

（頗勒窶那當知，識食能令當來後有生起。）

更白話一點，就是「識食」能夠「維持」我們的性命。

所以，不但我們的身體會飢餓，內心也會，兩者都需要「進食」，才能生存，這就是為什麼我們會有欲望，也就是不停汲取的需求性。

那麼，欲望的特性既然是汲取生命的必需品，前面也提到了，要是沒有了欲望，人類就幾乎可以說沒有生存的動力可言……那欲望有什麼問題呢？

在佛法的一些論述更進一步闡述：當欲望帶有了「貪愛」的特性，那就是問題所在。什麼叫作貪愛的特性呢？在八世紀一位名叫獅子賢的學者說：「慈悲與貪愛都有一個共通的特性，就是『不捨』。」

無法捨棄、無法捨離既然是貪愛的特性，而當我們對一件事情深深地執著、無法捨離的時候，用現代語言來說，就是所謂的「上癮」。

汲取營養既然是我們欲望、或是本能的特性，那無可厚非，因為它保障了我們的生存。但當這個汲取的特性深深地控制了我們的思緒與行為，讓我們上癮於外在的事物上，那就極為危險：因為這有可能對我們的生存造成迫害。

佛法中常常用一個例子來說明貪愛對生命的危害：據說鹿是一種很愛聽音樂的動物，只要聽到樂器的聲音就嘎然靜止不動，專心聽音樂。所以有一些印度的獵人想出了一個辦法，也就是在即將獵鹿的時候，故意讓人在附近彈奏豎琴，鹿群們就會因此靜止，就算獵人明目張膽地放箭，鹿群也不會跑走。

這個寓言往往被用來說明貪愛對生命的傷害。不要說鹿，其實身為現代人，每天都會面臨著各種誘惑，有想占有、得到這些誘惑的欲望不打緊，大的問題一樣是在於上癮。

滑手機不是件壞事，但是上癮到無法自拔就不妙了；不但是滑手機，舉凡酒精、極限運動、藥物或是咖啡等等，任何東西的適量攝取都有其好處，但是「上癮」以致「無法捨離」就是個大問題了。

現代人的心理比較空虛

當我們知道了欲望與貪愛各自的特性，那下一個問題就會是：「為什麼現代人的欲望這麼多？」

我覺得主要的原因，是因為現代人的「心理」比較容易餓。所謂的容易餓，是因為大家的「心理」比較疲乏。現在資訊嚴重爆炸，據說網路上數據的數量早已超過地球上所有沙子加起來一樣的數量了（以前佛經中很喜歡用「恆河沙數」來比喻「很多」，現在可能要改成「網路數據」了）。

而我們每天打開手機，連上網路，內心就要開始過濾、分析這些大量的資訊有哪些吸引到我們？哪些沒有用處？這個過程其實就是在「操」我們的心，讓它越來越疲乏。那餓了、疲乏了的內心，當然就需要大量的「觸食」、「思食」來維持下去呀！

這就好比我自己，從十多歲開始的讀書生涯，我大部分的時間都必須以美式咖啡度日，才能讓我保持精神熬夜讀書；但是隨著事情越來越多，一杯美式早以無法讓我維持清醒的專注力；漸漸地，兩杯、三杯，有一段時間，如果我當天起床後沒有喝一杯咖啡，根本就醒不了神！

讀書的疲勞就好比我們日常受到的資訊轟炸，美式咖啡就好比我的欲望必須汲取的營養；但隨著時間發展，我對咖啡（營養）的上癮性倍增，同時被轟炸得越來越頻繁、越來越必須靠咖啡來餵養我。這樣的過程，跟我們在消費主義的帶頭下發展出的上癮性如出一轍。

追根究柢來看，我們某種程度上也是被迫的：商家們刻意以廣告或各種資訊的轟炸，讓我們內心不自主地「更餓」，那自然不自主地想要汲取更多營養、自然因為汲取的營養與排山倒海的轟炸所帶來的飢餓感而產生了上癮性，週而復始毫無終止……

但其實，有一個解套方案。

在佛法中，除了上面談到的四食之外，還有另外一種「食」能夠有效養足我們的內心，最重要的是：它不一定有成癮性，而且更不會導致我們因而摧毀了自己的人生。是什麼樣的「食」呢？我們會在之後的章節裡討論。

【問答】

Q：欲望有好壞之別嗎？如何不貪愛？

A：欲望沒有絕對的好壞之分。然而，如果，當這個欲望，它加上了一點點其他的東西，也就是它加上了這個讓我們失去理智、讓我們傷害他人的時候，佛法認為這樣子是壞的。不過，欲望本質並沒有絕對的善或者是惡，所以，也沒有一定要求要把欲望的愛的特性給拿掉。只不過有些人意識到，他自己的欲望一出現的時候，就會有（那種）情緒，所以他採用的手段就是特地把欲望給根除。另外一群人則認識到，他的欲望出現的時候，可以不這麼情緒化，他可以理智去處理它，所以他就利用欲望的力量去達成其他的事，使他更有成就。這就是不同的人們在處理欲望這個議題的時候，因為各自的經驗跟特性不同，所以採用的手段不同。一種採用全面性的壓制與根斷，另外一種採用轉化與利用。這二者，被認為是佛法中，小乘佛教與大乘佛教中的一個關鍵差異。

Q：慈悲跟貪愛的共通點是不捨，那慈悲跟貪愛的不同點是什麼呢？慈悲是一種欲望嗎？慈悲是為了生存嗎？

A：慈悲與貪愛的共同點是不捨，然而，慈悲帶有的特性是，並沒有如此的情緒化，它並不是建立在一個情緒性的經驗而產生的不捨，而是建立在理智上的經驗。佛法的慈悲培養，必須有非常穩定的理智跟專注力，並不是單純的一種情緒上的激動，或者是感性上的衝擊。所以慈悲是基於理性，或者說是理智的經驗所推演出來的一種不捨，而不是單純情緒上的崩潰。慈悲可以被視為一種欲望，但這樣一個欲望並不是以生存作為動力，而是以追求更遠大的目標為動力。或者更具體來說，強調慈悲的是大乘佛教，而大乘佛教認為，這樣一個慈悲，是為了要完成遠大的目標，也就是成佛的過程中，必須帶有的根本動力。所以我們可以說，凡夫（一般人）的欲望是生存的力，而大乘佛教強調的慈悲，則是走在成佛之道這條困難道路上的這個動力。

Q：適量跟上癮、無法捨離的距離如何界定？

A：適量跟無法捨離的距離如何界定，是非常主觀的。我們每一個人都比其他人更清楚我們對這件事情是上癮的還是沒有上癮，往往只是我們不想要聽到真正的答案而已。簡單來說，當我們對一件事情產生經驗，我們的內心就是不停地想著它，這就是上癮。但是，當然，這只是一個大致上的標準。每一個人的上癮表現，都各自不同。

透過佛法而想要追求解脫的前提，是相信悉達多所說的話。但最常讓人搞不清楚的，正是「相信」與信仰。

如果信仰，代表的是全然的信賴，不用理智，那這不就與悉達多強調的「智慧」相違背嗎？

07

想成為，還是想依靠？

〔信心與信仰〕

我之前看到一本書，裡面討論了哲學與宗教的差異。

作為哲學家的主角之一，用了一種方式來形容這兩者的差別，非常有趣。

他認為，哲學與宗教信仰的目的之一，就是追尋知識、找尋世界上的真理，就好像走在一條繩子，一路往前走一樣。

一直往前走的這個過程，就好比在追尋知識的過程，不過，沒有人知道這條繩子到底有沒有 Ending。

不停地走、不停地走，有些人走一走就停下來，不想繼續走了，當然，這象徵我們停止求知了。

哲學家站在他的哲學立場宣稱：哲學，就是不停不停不停地向前走，因為要不停不停地求知，所以，哲學不能宣稱自己理解所有的事情，因為一旦認為自己理解所有事情，我們就會停止求知了。

哲學是如此，那宗教信仰呢？

哲學家認為，走在這條繩子上的過程中，某一天，有些人會跳下繩子，不再往前走，這些人為什麼不再求知了呢？

要嘛他們相信自己了解了一切，要嘛他們相信某個了解一切的人存在，只需要相信他，就夠了。

這就是宗教與信仰吧，哲學家宣稱。

從這個角度來看，信仰是求知的大敵，他阻礙了我們繼續求知的過程；但是，在日常生活中，我們又常常聽到很多人聲稱信仰讓人變得更堅固，變得更堅強。

這似乎很矛盾吧？

「信仰」的問題

「信」這個詞很有趣，是一個「人」跟一個「言」構成的。以前讀書的時候，老師都說過所謂「人言為信」，也就是信任是構築在人們的溝通之上。

在剛剛談到的對話中，哲學家主張以求知作為目的的討論，所以認為信仰是阻礙人求知的大敵。然而，不可否認的是，現實生活中，有太多事情比「求知」更加重要，不停地追求新知，反而可能會讓我們在現實生活中，沒有辦法穩定地過日子。

某種程度上來說，信仰是「反智」的。它的確干擾人們追求知識，它的確令人放下理智，而且是自願放下理智；它是學問的大敵人，特別是對像我這樣的追求學問的人來說。

我自己也曾經很熱愛學問，或至少到現在還是如此。我求學時代讀書的學院學風很盛，所以大家幾乎每天都投入所有的清醒時間、甚至睡著的時間，來讀書與辯論。

這的確對我有很大的幫助，至少在我回到日常生活中之後，從沒有停止提醒自己尋求「知識」。然而，慢慢地，我發現日常生活沒有這麼簡單。

先不論我自己或身邊的人，日常要處理的事情已經一籮筐，其實根本沒有時間去追尋所謂的「智」；更進一步地來說，我在宗教圈裡處理各式各樣的宗教事務、面對各種學生的提問，也經過很長一段時間，發現一些很有趣的問題。

先不講其他的，宗教圈重視「信仰」的特質是非常明顯的，從基督宗教的「因信稱義」，到有一些佛教典籍裡面主張：「佛法大海，信為能入。」都強調信仰的重要性。

某種程度上，我是非常討厭迷信的，因為群眾的迷信，代表掌握知識權的人就有能力壟斷整個組織，這種獨裁的行為實在讓人反感。因此很長一段時間，我在自己生活的宗教圈裡面，推動「還知於民」的活動，講白了，就是把對於宗教認識的知識權，用簡單的語言推廣出去，還給信徒們，讓他們可以跳離「迷信」、「聽說」的藩籬。

但是後來，我發現這很難。

很重要一個原因是：已經長期迷信的人，他不太會願意去面對現實，或者說，他們不想要獲得「知」，所以就算你把「知」推到他們的面前，讓他們學習，他們也不想去學。某個層面可以說是他們「懶」，但是從另一個層面來說，這是更危險的一個問題。

當一個人放棄自己吸收知識的能力，而只想靠其他人，無論是宗教領導人或是一般生活中某個權威來餵養知識的時候，其實，他同時就是在放棄學習、放棄被教育。

放棄自己求知，所信的就是迷信

討論這個問題之前，我們要先知道「教育」的價值是什麼。對於這一個議題，我很喜歡心理學家阿德勒的主張：教育，是讓人自立的過程。

阿德勒主張，教育的目的讓每一個個人，都能獨立地生存在這個社會上，最重要的，在與他人互動的過程中，能夠沒有問題地與人相處。

既然教育的目的是讓人獨立，那反過來說，沒有辦法讓人獨立的教育，就是失敗的。

所以教育的一個很重要的追求，就是培育學生，讓他們能夠漸漸靠自己的能力，去面對所有的問題。所以以教育者的立場來看，當學生跟你說：「我都是靠老師才能有現在的成就」、「都是老師讓我能夠理解」、「都是老師的幫忙」其實是不好的，因為這些話背後隱藏的含義，就是「我沒有辦法靠自己達成」、「沒有老師的話，我會一無是處」等等。

既然我們知道教育的價值與教育過程中會出現的問題，那我們接下來把「信仰」拉進來一起談。

我們前面談到了信仰，談到很多人選擇放棄自己求知的能力，選擇迷信；換句話說，信仰似乎帶有這種「讓人無法獨力解決問題」、「必須依靠老師或是某個偉大的宗教領袖」的特質。

如果信仰是如此，那我們真的可以說，信仰是反智的，是反對讓人成長的。

但是「信」真的不好嗎？我記得有一次在接受邀請進行一場講座的時候，談到類似這個議題，我靈光一動，問了台下的大家一個問題：「你們覺得，一段感情中，最重要的價值是什麼？」

當然，維持感情有很多重要的要素，但當時台下那一群已經年近不惑的姊姊們都一致認為，雖然「性」很重要，但是「信」是更重要的要素。

沒錯，誰都不想要一段充滿懷疑的戀情吧！這樣看來，「信」也是很重要的一個特質；但承認「信」就是反智、沒有「信」就是「疑惑」，那到底要怎麼抓個平衡點？

光是懷疑，不能解決問題

從悉達多與佛法成長茁壯的印度時代背景，我們可以有一些答案與想法。

在悉達多離家尋道的時代，有許多的宗教學派與思想家，如雨後春筍般存在北印度這塊土地上。當然，作為宗教家們，都會非常強調「信」的重要性，而在這麼多思想家裡面，有一個非常有趣的例子，是一位叫作「散若夷」的思想家。

在一部叫作《沙門果經》的文獻裡，記載了悉達多的學生曾經向散若夷求教時的過程：

「我昔一時至散若毘羅梨子所，問言：『大德！如人乘象、馬車，習於兵法，乃至種種營生，皆現有果報，今者此眾現在修道，現得報不？』

「彼答我言：『大王！現有沙門果報？問如是，答此事如是，此事實，此事異，此事非異、非不異。』

「『大王！現無沙門果報？問如是，答此事如是，此事實，此事異，此事非異、非不異。』

「『大王！現有無沙門果報？問如是，答此事如是，此事實，此事異，此事非異、非不異。』

「『大王！現非有、非無沙門果報？問如是，答此事如是，此事實，此事異，此事非異、非不異。』」

簡單來說，當學生問散若夷「努力修行有沒有結果」的時候，無論怎麼問，他的回答都是「有可能是、有可能不是」；再更進一步地說，他的答案其實就是「我不知道」，是名副其實的「不可知論者」。

悉達多有兩個很重要的學生：舍利子（就是《心經》裡的那個人）與目連（傳說中到地獄救媽媽的人）。他們是真實的歷史人物，不過故事有些杜撰的色彩。根據史料記載，在他們成為悉達多的學生之前，他們就是追隨散若夷的。

散若夷這種「不可知」的論調，與當時的各種思想家相比，在辯論的過程中有極大的優勢，這種詭辯所帶來的優越感，對於舍利子與目連二人有很大的滿足。然而，最後他們覺得，這種懷疑的思辯不能解決人生中的問題，再大的滿足感也是枉然，因而離開了散若夷。

信心來自主動理解與積極實行

我們可以說，佛法是反對迷信的，這在一部名為《大乘莊嚴經論》的知名著作中就談到：「迷信謂惡信，由顛倒故。」

但是，佛教也是反對過度的「懷疑」，在《清淨道論》裡面說：

「懷疑的特相有動搖的作用；以不決定或無決定見為現狀；當知疑是行道的障礙。」

而「疑」更是佛法認為很重要的一種阻礙，《法集論》裡面說：

「並如是所有之惑，疑惑、已疑惑性、猶豫、疑、二分、二路、躊躇、非一向執、懷疑、遲疑、不沒入……」

然而，在悉達多其他言教裡面也強調：「各位智者們！請像測驗金子一樣來檢視我的法教，不要因為是我說的就全盤接受！」

可見佛法是鼓勵學生理性檢視與思考的，那為什麼佛法會認為「疑」是一種阻礙？這跟「信」又有什麼關係呢？

「檢視」與「疑惑」最大的差異是：一個有主動的「求知」，另一個則是「躊躇不前」。換句話說，懷疑本身沒有問題，問題在於我們懷疑一件事情之後，是積極求知去釐清？還是置之不管也裹足不前？

「疑惑」的問題，在於當它會阻止我們求知與學習，讓我們甘於「不確定」、「遲疑」中的時候。

如果我們用同樣的標準來檢視「信仰」，就會發現，佛法也是反對任何阻止我們求知與學習的「信」。

佛法裡面是怎麼看待信的呢？一部名為《成唯識論》的認知學權威著作裡提到：

「何謂信心？就是能夠接受真實的狀況、並希望自己達到那樣的狀況……真實的了解是信的誘因，希望自己達到那樣的狀況是信的表現。」

（云何為信？於實德能深忍樂欲……忍謂勝解此即信因，樂欲謂欲即是信果。）

這邊談到兩個重點，第一個是信心來自正確的理解，那這個正確的理解（勝解）是什麼呢？同一部著作提到：「云何勝解？……故猶豫境勝解全無，非審決心亦無勝解。」可見，正確的理解是沒有猶豫和不思辯的；反過來說，積極地懷疑並開始分析與求知，才能帶來正確的理解。

但是「信」的第二個特質更重要，也就是希望自己也能達到那樣的狀況，這與我們一開始提到「信仰阻止求知」可謂是大相逕庭。

佛法說的「信」不但鼓勵求知，更強調要有一種積極的行動力。舉例來說，深信悉達多，代表我們希望自己有一天可以變得跟悉達多一樣。

用單純的比較來看，我們往往認為的信仰，是一種託付與信任，卻在某種層度上磨損了我們的積極性與主動求知的能力；但是佛法談的「信」，就是建立在主動與積極性上來談的，無論是一開始要先主動求知，得到真正的理解，還是之後要主動地追求，希望自己達到同樣的結果，都是如此。

總的來說，正確的「信」應該是積極、鼓勵我們求知，而不是消極、讓我們放棄理性的吧！

【問答】

Q：佛法認為，不求知而「信」是迷信，沒有「信」而求知是哲學，是這樣嗎？

A：「不求知的信是迷信，而沒有信的求知，是哲學」這樣的立場，並不完全是佛法在意的。佛法只是強調，如果要有正確的信，你要求知，但是佛法不會去批判其他的「知」如何。佛法只會強調，一個正確的信，是建立在「求知」的前提之上而產生出來的而已。

Q：一定要循著「信、解、行、證」的步驟嗎？

A：傳統上來說，「信」為一切的根本。關鍵原因是在於：並不是像宗教學所說的，你必須跨越信的藩籬，才能到達神聖的領域；而是因為佛法所說的，信是以「求知」為根本。所以換句話說，信是一切的根本，可以把它視為，求知是走向解脫的根本。而這個「求知」並不是知識性的求知，而是希望對於人生的痛苦有所了解。

再一次呼籲我們前面所強調的，佛說：痛苦是我們要理解的，而不是痛苦是我們要斷除的。所以，了解到底我們自己是什麼、想要認識自己、想要擺脫現實痛苦，是佛法修行的根本。而這樣一個了解的動能，當它變成了一個「從簡單性的想了解，到積極性的想要實踐」，這個過程，就是佛法所說的「信」。

Q：知識與智，可以等同看待嗎？

A：知識與智，不能完全同等看待。

佛法所說的「智」，範圍比較大，知識的範圍比較小。就像人有男人跟女人，人的範圍比較大，男人的範圍比較小。佛法的智並不是以追求知識作為前提，而是追求透徹作為前提。它並不是要累積許多的數據，而是要去分析事物的本質。在佛法中，累積大量的數據被稱為「法相」，認知事物的本質被稱成為「法性」。換句話說，「智」不是想要認知事物的表面，而是想要認知事物的本體。

Q：有知識就不會迷信嗎？

A：有知識不一定不會迷信，反而在佛法圈裡面有更多知識份子更迷信。迷信與否的關鍵在於，相不相信自己有能力成就。是要擁有主控權，還是把主控權交給別人？這是迷信與否的差異。

所以換句話說，迷信與否的關鍵點在於：你有沒有這個想要挑戰的決心？你有沒有想要改善自己的決心？有沒有「想要從自己內在去改善自己」的一個決心？有沒有這樣的勇氣才是信的關鍵。所以，信心帶來的是勇氣跟求知這二個特色，不是單純的知識而已。

Q：是要先知還是要先信呢？

A：信跟知識，像麻花捲一樣，二者相纏在一起的。一定是因為我們有求知的動能，我們才會去想，才符合佛法所說的信。但是如果沒有佛法所說的信呢，我們就沒有辦法得到佛法所談的知。因此知跟信是相纏的，是纏在一起的。但可以簡單的來說：信，帶有這種「我要去成就，我要去實踐」這樣的動能；而知，則不一定帶有這樣一個動能。

Q：努力修行是不是一定有結果？誰能知道呢？

A：努力修行是否有結果，來自於二個關鍵點。第一個來自於前人的經驗，第二個來自於自己的實踐。如果沒有前人的經驗的話，我們的個人經驗會變得非常危險，因為很有可能我們個人的經驗不過是自己的幻覺而已。所以佛法中非常強調，了解前人他們在進行各種修行的時候所感受到的過程，是至關重要的。

從人文主義來看，我們會否認每個人「經驗」是獨一無二的，因為他們有一個大方向可循。所以第一點先了解前人們的經驗，這不是最重要的，最重要的是自己也去實際的操作。只有透過自己也實際的操作，才會得到結果。如果我們只是待在那邊空談說，這個藥到底有沒有效，而不願意去吃它，那藥永遠都無效。

Q：迷信是信仰的阻礙，懷疑也是信仰的阻礙，三者如何能不互相矛盾呢？

A：迷信、信仰、懷疑之間的平衡，在佛法所說的「信」與一般的信不一樣。佛法所說的「信」是建立在二個關鍵點。

第一，它是積極的求知，這一點，就跟迷信不一樣；或者說，這一點跟懷疑也不一樣。懷疑帶有的特性，是無法去下決定，無法去認定事情。懷疑者本身，其實他並沒有真的想要求知，他只想懷疑，並沒有真的想要找到答案。

這樣介於懷疑與求知的關鍵差異是：一個是不停的想要反駁一切，一個是真的想要找到一些東西。而「真的想要找到」（就是求知），這個是第二點，可以稱之為佛法所說的信與懷疑之間的差異。而在這個求知的情形之下，我們積極的想要讓自己達到某種成就，達到某種挑戰，這個則是佛法所說的，信與迷信之間的差異。

在知道了「信心」代表的是「強烈的行動力」之後，如果希望走向解脫，那這樣的行動力就是必須實踐佛法。

根據悉達多的設計，實踐佛法的第一步即是持戒，但是持戒常常讓人想到的是「教條」、「道德」、「規矩」等等，這又與解脫有什麼關係呢？

08

規範，是人的優勢

〔布施與持戒〕

我是一個從小就沒有辦法待在團體中生活的人。

主要的原因應該是團體有很多規範吧！小的時候家裡曾經一度追隨「在家自學」的路線，所以三歲以後大部分的時間都在「讀聖賢書」，舉凡學庸論語、老子莊子、古文觀止，甚至是佛教的五經一論等等的資料，小時候都曾爛讀一番。

由於幾乎每天都在家裡讀書，而我又是獨生子，所以從小也就沒有什麼機會與人互動，不太適應團體的規範方式。

印象中第一次跟一群人相處，是到幼稚園的大班，家裡人怕我以後上小學之後團體生活適應不良，想讓我先實習看看。

結果我去的第一天，就跟班上最皮的小孩打了起來，然後這個噩夢一直糾纏著我家裡人，一路到我離家求學為止。

記得在小學讀書的時候，我幾乎天天鬧事、天天打架，就是搞不懂為什麼上課不能走動、為什麼不能隨意上廁所、為什麼要遵循規範，為什麼為什麼為什麼⋯⋯總之我就是一個過不慣團體生活的人。

長大之後慢慢發現，小時候個性比較叛逆與反骨的孩子，似乎都有點這種特色。我小時候功課挺不錯，純屬那種不看書也考第一名的小孩，結果上課就一直跟其他人聊天，阿不然就是偷看課外讀物，然後又被老師點名罰站抄課文，惡性循環冤冤相報何時了啊！

我這種行為也不是想引人注意，只是天生就不喜歡被規範，可能大腦裡面社會化發展的區塊還沒有成長的很好，所以就算之後到印度求學，過著學院制的團體生活，也還是感到很拘束。諸如大家應該要去吃晚餐了，可是我就是剩一個章節的補充資料還沒看完，很不想擱下來不看，但是大家又得按照規矩一起走⋯⋯

或許可以說，無法遵守規範是我的性格吧！但是我也知道遵守規範的必要性，一個穩定的社會發展，規範是必要的吧！

規範是必要的？

在佛法的思想中，生而為人，具有很大的優勢，這個優勢是有求知與開悟的能力。除了人之外，其他的生命體並不具備這樣的能力，這種狀況在佛教稱之為「難」，也就是沒有機會求知與開悟的意思。

一部名叫《增壹阿含經》的典籍裡面，描述了八種「難」、也就是沒有機會求知的狀況，包括：

「悉達多告訴弟子們：『要知道，在八種情況下，一般人沒有辦法學習佛法、求知與解脫。那是哪八種情況呢？前四種分別是：在有開悟者出現、並且努力宣揚知識的時代，但一個生命卻身在地獄、鬼、畜生或是天人的世界，那他們就沒有機會接觸到這些知識，所以是『難』。』」

（爾時，世尊告諸比丘：「凡夫之人不聞不知說法時節。比丘當知，有八不聞時節，人不得修行。云何為八？若如來出現世時，廣演法教，得至涅槃、如來之所行，然此眾生在地獄中，不聞不睹，是謂初一難也。若復如來出現世時，廣演法教，然此眾生在畜生中，不聞不睹，是謂第二之難。復次，如來出現世時，廣說法教，然此眾生在餓鬼中，不聞不睹，是謂此第三之難也。復次，如來出現世時，廣演法教，然此眾生在長壽天上，不聞不睹，是謂第四之難也。」）

生而為人的確有很多的好處，但是隨著年齡慢慢增長，出社會之後，每天都覺得累得要死，看到我們家的貓咪過得這麼開心，時常會出現「要是我是一隻貓就好了」的想法。

不但如此，在很多的神話故事裡面都會記載天神具備如何如何的能力，無論是希臘的諸神或是印度教的各種神祇，都具備了超乎凡人的能力。這樣相較之下，無論是跟身為畜牲的寵物、還是跟天上的神人相比，當人到底有什麼好的？

我們必須先反思一個問題：人類身為「萬物之靈」，為什麼會比其他動物強大呢？智力高超當然是個重要的原因，但要是我們的祖先每個都是獨立作戰，智力再高超也沒什麼用。

人類強大，不是因為我們的生理條件有什麼優勢，而是因為我們懂得有效的合作。那為什麼我們能夠合作呢？或者說，合作最重要的基礎是什麼？

信任很重要沒錯，但更重要的是，我們懂得制定高度複雜的制度並遵守它。社會上的每個人來自不同的背景，有不同的個性，要是大家都隨心所欲，可能一不小心就會因為一個人的疏失而害死全部人。

所以制度是必要的，它保護整個社會，也保護社會裡的每個人，這種制度久而久之就稱為「道德」、「規範」或是「法律」。

相較之下，希臘諸神真的是太有個性，沒幾個是合群而能遵守規範的。至於非人類的動物也是如此，雖然人類的近親——黑猩猩有高度的社會特性，但是與人類建立出來規範制度相比，還是原始簡單了許多。

如果說規範是人類身為高度社會化動物必須具備的條件，換句話說，遵守社會規範，才具備人的特質。

生而為人的必要條件

這也是佛教裡面非常推崇的一個主張：相較於其他文化單純勸善止惡，或是勸導「善良的行為」，佛法基本上建議，最重要的就是三種善行：「持戒」、「布施」與「培養專注力」。《本事經》說：「有三法應修，應習多修習，能得三種樂，所謂施戒修。」

我們這邊要先討論的是持戒。在佛法裡面，往往會強調「持戒，是生為人的必要條件」：

「十種正確的行為即是戒律，它能讓我們出生於人、天中。」

（淨十善業是名為戒生人天故。《大樹緊那羅王所問經》）

佛法有趣的地方就在於：同樣的一個內容，卻往往會有很多的解讀。有些人可能會基於這句話的立場，推論：「下輩子想要出生為人類或是天人，就必須持戒。」下一世如何，對一般的我們來說太遙遠了，但我們可以確定的是，持守良好的規範，對於人生會有很大的幫助。

姑且不論與他人互動吧，我們先討論一下自己個人的人生規範。我一向是個作息很不正常、不穩定的人，有時候一看書就連續幾天都睡三小時，有時候太累就連續三四天都只有八個小時是清醒的，還好我的工作條件允許我這麼做。

但是慢慢地我發現，年輕的時候還能這樣，年紀大了就不行了：到一個時間點之後，突然發現怎麼樣都睡不著，不然就是突然一陣犯睏，反正身體的整個生理時鐘不對勁就是了。

不但如此，我發現不規律的作息時間，對工作有很大的影響，特別是我的工作漸漸要接觸越多的人，當我睡起來的時候，人家已經要下班了，那這樣我工作還怎麼弄？

的確，我看過很多網路文章描述，作息與常人相異的人有多麼的聰明與獨特，大腦反應與一般人不一樣等等，但是回歸到我們一開始討論的重點：個人的智力不如團體的合作，這是人類特異於其他生物的稀有價值。

慢慢地，我們會發現，規律性地規範生活，才是長治久安之計；穩定的作息與生活方式，能夠讓以求知為導向的人，更穩定地達成自己的目標。

從佛法的立場來看，所謂「戒生人天」正是站在這樣的角度來闡述的：合乎道理的規範與規律，能夠保護我們自己也保護他人，讓社會每一個個體在互動的過程中，安全的相處著。

佛法的「戒」指的是什麼呢？經典上記載所謂的「十淨戒」，共通的特性就是：避免十種對社會他人有傷害性的行為，而這樣的戒法能夠讓社會更加穩定。

「付出共享」而不是「獲利共享」

而另外一種重要的善行——布施，很多人往往以為這是金錢方面的饋贈，但其實根據佛法的主張，布施包括「給予他人物質上、精神上與心靈上的支持三種」：

「施有三種：一資生施，二無畏施，三為法施。」《正法念處經》

給予他人支持的這種行為，也就構成了「布施」，而這種布施的概念，其實也就是資源共享的概念。在一部名為《善生子經》的文獻裡面，就有描述布施的概念為：「得利與人共，在在獲所安。」

單從人類社會的發展來看，資源的共享往往促成了文化的高度發展，而資源的獨占則對一個社會的前進有不可抹滅的傷害，這就是為什麼，在經濟發展上，現在的普世價值一致承認「全球化」的重要性，因為國家與國家、個人與個人之間的資源共享，才是解決問題的最有效方案。

必須注意的是，佛法談的「資源共享」概念，是建立在「付出共享」而不是「獲利共享」。舉例來說吧，代表保守主義的川普近期成為美國總統，許多人認為這是象徵著美國本土主義的崛起，因為全球化的資源共享，並沒有保障到美國本土工業工作者的利益；簡單來說，當執政者關注的是我國要得到什麼樣的利益，那往往就會忽略我們要保障哪些人的權益。

在前面提到的《正法念處經》中，有這樣的一段記載：「天人之中，惡貪妨礙，是故智者，常應精勤捨離惡貪。」可見，單純關注利益的「貪」會成為一種阻礙，障礙我們「平心觀察狀況」的智慧。所以佛法主張的「資源共享」是「付出」的共享，它關注的是「我們能夠付出什麼」而不是「我們能夠得到什麼」。

許多的企業家們都一再強調，企業成功的關鍵來自於發現社會責任。很多人以為企業回饋社會，是在他們賺到錢之後才開始考慮要如何拿錢做慈善，但其實「社會責任」反而是企業家們一開始要考慮的正確的方式：先發現社會上有什麼需求，再去思考自己的公司如何滿足這樣的需求。

先找到社會上現存的問題，再想著如何有效地解決社會的這些問題，或是如何提升人類的生活品質。這樣的企業，才能生存、才能賺錢。

這個概念其實與佛法所說的不謀而合：關注「付出」而不是關注「利益」，但當我們正確地付出，就自然能夠得到利益。

實行，生智慧

遵守生活規範的「持戒」與付出資源共享的「布施」兩者，是佛法認為，一個人活在這個世界上與人相處時，最重要、應當努力奉行的綱要。知名的學者龍猛也說：「布施帶來利益、持戒令人安樂。」

布施與持戒，可以說是一個人要在社會上安身立命的重要元素。但佛法並不以這兩者作為主要的核心價值，因為這兩者與解脫之間並沒有絕對關係；遵守這兩條準則，讓人能夠在社會上更穩定地生活，但這與解脫沒有太大的連結，反而是「在社會上更穩定生活」這件事情，某種程度上與「觀察到無常」是相反的。

然而，不可否認的，這兩條要素也是一個人要追求解脫時，不可或缺的基礎。在佛法的思想中，一個沒有足夠穩定生活的條件、特別是沒有紀律的人，幾乎是不可能得到解脫。關鍵的原因在於：解脫來自智慧經驗的開展，而智慧的「經驗」並不來自理論，而是來自禪定。

那禪定的根源是什麼呢？佛法裡面有一句耳熟能詳的話語：「因戒生定，因定發慧。」可見，持戒是開展禪定的重要基礎。

【問答】

Q：對於一般人，佛法中有沒有建議可守的「戒」？還是有受戒才需要守戒？

A：佛法認為，除非你進到佛法的世界中，才會有所謂的佛法講的戒可言。對一般人，佛法並沒有強調一定要怎麼做，只簡單的提到所謂的「自通知法」。換句話說就是：己所不欲，勿施於人。但，這是一個行為上的準則。如果從本質上來看的話，戒的本質是不傷害，所以，換句話說，這個字是建立在「不要去傷害自己」進而「不要去傷害他人」的前提之上。因此，如果我們還不想進入佛法，但是我們想要對佛法的戒有一點體會，必須具備的一個基本態度是：謹慎的去看待傷害。

Q：持戒能得什麼樂？布施能得什麼樂？培養專注力能得什麼樂？

A：從佛法來看，持戒帶來的結果是「規律的生活」。而規律的生活才是完整，或者說才是達成我們培養專注力必須具備的一個基本條件。如果一個人生活不規律，他想要培養禪定，基本上是非常困難的。

同樣角度來看，布施的概念來自於所謂的共享、分享。而布施，讓我們在分享的這一件事情，某種程度稍微讓我們跟消費主義（也就是不停的花費、揮霍）之間拉開一個距離。可以說，持戒跟布施都是為「培養專注力」做好一個打算跟基礎。

持戒與布施，都是讓我們奪回一定的生活自由時間，讓我們生活更規律。很多人以為生活規律不自由，但其實生活規律才是真正的自由，因為這代表我們能夠控制自己的時間。而布施分享讓我們奪回的，最重要的是金錢上的自由，我們不再被消費主義給綑綁著，以為我一定要買什麼才可以改變人生。所以，透過持戒跟布施，奪回了時間與自由後，再把這二點投注在專注力的訓練裡面，來達到一個靈活的內心境界。

Q：**什麼是無畏施？什麼是法施？**

A：布施中最為有名的，就是所謂無畏施與法施。無畏施指的是：讓他人經驗到不恐怖，「讓他人不要感到恐怖」這件事情。而法施，則是更進一步向他人分享佛法。然而，無畏施與法施之間的關係，不完全是對立，也不完全是一體的，而是單看我們的目的是什麼。

Q：**禪定與解脫有什麼關係？**

A：禪定與解脫之間有密切的關係。如果沒有禪定的力量，我們的心就沒有辦法專注在靈活的狀態；如果我們的心沒有辦法專注在靈活的狀態，就沒有分析的力量；如果我們的心沒有分析的力量，就沒有真的認識到我們到底錯在哪裡，我們到底誤解在哪裡；而不了解是自己的誤解，我們自然就無法走向解脫。所以可以說，禪定力是走向解脫不可或缺的至關要素之一。

戒律的實踐，正是在規範欲望的擴張。當欲望擴張到極致，展現出來的就是占有欲、獨裁等等。

但如果我們知道，欲望是來自短視、占有欲是來自恐懼，特別是對無常的恐懼——

那，我們還會這麼害怕嗎？

09

控制別人，不如了解自己

〔占有欲〕

我發現，現代人談感情，好像常常遇到的問題就是：很難在「安全感」跟「束縛」中找到一個平衡。

從身邊的朋友看過去，一對對的情侶中，基本上都會發現其中有一個是安全感不足，幾乎隨時隨地都要查勤的。不過俗話說的好「風水輪流轉」，我更常看到的是：在前一段感情中，被伴侶管得死死、連晚上跟朋友聚會也要報備回家時間的朋友，在新的一段感情中，卻變成沒有安全感的那一方，隨時都想知道自己的戀人在幹嘛。

安全感、穩定感，說來說去就是一種安心、不需要提心吊膽面對突如其來的改變或是意外的感受，這個與我們之前討論到的「無常」有很密切的關係。

希望安定（穩），還是要有欲望（變）？

所有的生命追根究柢來說，都希望能有個安定的環境，這才適合我們生存；但是與這個「希望」相違背的另一個本能，是欲望。欲望求「變」，但安定求「穩」，這兩者的矛盾與拉扯，也是讓我們生存下去最主要的動力。

之前談過，如果一個生命體沒有欲望會怎麼樣？就像例舉的老鼠實驗一般，當一個生命一直處在一種「快樂」的感受中，沒有任何的不滿足感，那他就會失去生存的動能，連吃飯也都沒有興趣，只想待在「快樂」裡面。

所以大腦自動修正了這個 Bug，為了讓我們生存下去、讓我們永遠不會滿足、渴望更多，這樣的追求，我們簡稱為「欲望」。

與欲望相反的令一個東西是追求安定。可想而知，任何一個不安定的環境，都會讓我們備感不安與壓力，不論是大學剛剛畢業就有一堆學貸，讓我們不知道接下來人生規畫該怎麼做，或是事業發展過程中沒辦法提供一個穩定的環境而不敢想結婚，都是差不多的道理。

從整個發展的流程來看，我們的本能是追求穩定，但是大腦加上了一個東西：「永遠不感到穩定」，用來修正我們覺得「穩定之後就失去生存動能」的危險，它是刻意也必要的。

欲望的動能讓我們生存著，但是在一個前提之下，這個動能就開始歪掉：當我們不想進步。

簡單來說是這樣：我們為了生存而必須要有不停追求新鮮事物的欲望，在我們付出了許久而有了一定的成績，雖然大腦仍然一直釋放讓我們不滿足的訊息，不過長期的付出讓我們希望可以緩口氣、休息一下。

既然我們不把重心放在追求新的事物，那鞏固既有的東西就變成了最好的選擇，但這個時候問題來了：我們沒有體認到自己得到的這一切會變化，當它開始變化，我們就糗了。

現實的問題是：我們占有的一切東西都會變化。而當我們又不想要提升自己、或是覺得「現在已經很好」而不想進步，這就讓我們只能固守既有的資產，一邊看著這些資產開始變化與被取代掉，只能眼睜睜地看著這些發生，唯一的反應就只剩下「固守它」、「占有它」，想要用這樣的方式來改變事實。

舉個例子吧，就好像種蘋果樹的人，在經過一段時間的研究與付出後，終於結出了果實。但這時候，如果我們覺得這個過程好累，不打算把收成的蘋果籽再種到土裡，而是想要好好休息，把既有的蘋果收成下來，擺著籃子裡面，每天看著它就感到很滿足。

但是我們都知道，隨著時間的推延，蘋果會發生什麼事情？

這時候，如果我們只想努力維持它既有的樣子、不要腐爛，卻不願意面對蘋果有到期日的現實，也不願意把裡面的籽挖出來拿去栽種，一面看著它腐爛，一面感到更加的不安，卻不知道無法改變它腐爛的事實。

這種行為就是我們所說的「占有欲」。

占有欲是欲望的終極表現之一，有很大的一個特質是「我不打算進步、其他人也不要給我進步」，不論是在感情上、資產累積上或是職場升遷上都是如此。我們常常聽到：一段穩定的感情關係，是兩個人都看向同一個地方、一起進步，而不是只專注在拉住彼此，這種行為只會導致最後的分手結局。

宗教裡的「惡魔」

占有欲是欲望的終極表現，這一點在佛法裡面有以「惡魔」作為譬喻，進行過深刻的介紹。與其他世界上常見的宗教或傳說相比，佛法裡面對於「惡魔」的概念不太一樣。

先說說亞伯拉罕宗教吧，比如在《聖經》裡面記載：

當時，耶穌被聖靈帶領到曠野，受魔鬼的試探。他禁食了四十晝夜後，就餓了。那試探者進前來對他說：「你若是神的兒子，吩咐這些石頭變成食物。」耶穌卻回答說：「經上記著說：『人活著不是單靠食物，乃是靠神口裡所出的一切話。』」

魔鬼就帶他進了聖城，叫他站在殿頂上，對他說：「你若是神的兒子，就跳下去。因為經上記著說：『主要為你吩咐他的使者，用手托著你，免得你的腳碰在石頭上。』」

耶穌對他說：「經上又記著說：『不可試探主你的神。』」

魔鬼又帶他上了一座很高的山，將世上的萬國與萬國的榮華都指給他看，對他說：「你若俯伏拜我，我就把這一切賜給你。」

耶穌就說：「走吧，撒旦！因為經上記著說：『當拜主你的神，單要事奉他。』」

於是魔鬼離開耶穌，有天使來伺候他。

我們可以發現，在這個知名的魔鬼試探耶穌的故事中，魔鬼扮演的是一個「勸耶穌改變信仰」、「挑戰其信心」的角色。而在伊甸園聞名遐邇的故事中，蛇象徵的就是誘惑與欲望。

當然，我不是亞伯拉罕信仰的專家，不過跟這些故事相比，佛教寓言中的魔鬼有更多複雜的「人性」存在。

在佛法的歷史中，名聲最響亮的魔鬼叫作「波旬」，他最早出現的一次，是當悉達多即將開悟的時候，他跑出來影響悉達多開悟；不但如此，悉達多的其他學生在追求開悟的過程中，也再再面臨他的影響。

這一點似乎與基督宗教所說的魔鬼有點類似，但是他想要影響這些人的動機是什麼呢？當他嘗試去干擾悉達多成道而失敗時，他告訴他的女兒說：「彼已離恩愛，非欲所能招，已出於魔境，是故我憂愁。」

同樣的，當悉達多的弟子們追求解脫而即將成功時，他也會盡一切努力去干擾他們，他的動機是什麼呢？在其他文獻裡面談到他的想法：「……彼得時受意解脫身作證……莫令出我境界去！」

簡單來說，任何解脫者都會「超越他的境界」，為了避免這件事情發生才盡力干擾他人的開悟。

傳說，那無比恐懼的天人

根據佛法的理論，「波旬」是屬於天人一類的生命，而且是非常強大的天人、是所有物欲世界的主宰者。在經論上，他有另外一個名字「第六天天王」，或又稱為「他化自在天王」，原因在於：佛法認為，物欲界的天人分成六個層次，而波旬是最高層次的首領，這個層次的天人最愛看到其他人被物欲困得團團轉，自己卻能夠隨意地享受這些物欲，所以稱為「他化自在天」。

因此，所謂的「超越魔王的境界」就是一個非常有趣的概念：超越魔王的境界，也就是超越魔王的管轄、超越物欲世界，但因為魔王最愛看人家被物欲耍得團團轉，一旦這個人要超越物欲，也就是不再被他給控管時……波旬不想要任何人擺脫他的掌控，因此每當有人即將超越物欲，他就會用盡各種方式來把那個人留下來，讓他陷在物欲中。

這種表現，不就是占有欲，或者說「控制欲」嗎？

作為物欲世界的最高主宰者、或者說欲望的終極展現，也就自然不希望有任何人能超越其控制。佛法裡面主張，欲望的重要元素之一就是上癮性、無法戒斷性，而當這種無法戒斷、無法捨棄的特性升級到極致，就是這裡所說的控制欲。

波旬象徵的強大控制欲，在他感受到有人將要擺脫其控制的時候，感到了無比的焦慮，這種表現跟我們上面說「我不打算進步、其他人也不要給我進步」的想法一致。

因此，佛法並不認為佛與魔是善與惡的對立，他們兩者的差異在於：能不能夠觀察、了解到物質不停變化的特性，以及大腦永遠無法滿足的設定。也可以說，他們兩個的差異在於「能不能面對蘋果有到期日的現實」以及「蘋果有到期日的話要怎麼辦」。除此之外，他們沒有善惡的差異可言。

智慧是消除控制欲的最好武器

佛，在印度方言中是覺悟者的意思，所以佛與魔只有覺悟與迷惑的差異，沒有善與惡的對立，這與許多的宗教立場截然不同。

在佛法許多的故事中，也都記載著悉達多或他的追隨者，曾經跟波旬溝通，勸他一起追求解脫、不再被物欲給綑綁住。但這樣的效果時好時壞，有時候波旬會答應，但最後又反悔了。

最知名又場景華麗的記載之一，出自一部名為《金剛頂》的神秘主義文獻，裡面談到了悉達多的一個追隨者如何擊敗波旬，並讓他自願追求解脫的故事。

首先，這部文獻裡面記載：

「……那時候，佛告訴惡魔們：『你們應該歸依佛法、追求真理，不然這位金剛手會暴怒地用威猛的智慧，摧毀整個幻象世界！』」

（爾時世尊普告大自在天等諸天眾言：「汝等應當歸依三寶、三昧戒中如是所行，若不然者，此金剛手菩薩大藥叉王，現暴怒相極惡威猛，無令以彼勝金剛杵出火光焰，盡此三界悉使破壞。」）

這段內容用寓言的方式，象徵「智慧是消除控制欲的最好武器」，而在這樣的威脅之後，這位「金剛手」進一步地壓制魔王：

「……魔王與王妃雙腳朝天地昏倒在地、裸體醜陋，使得旁觀者都在取笑他們……」（時大自在天及烏摩天后。偃仆於地雙足上起。裸露形體醜惡之相。一切觀者咸生戲笑。）

這段話強調了欲望的本質：既然控制欲是欲望的終極表現，當我們觀察到欲望的醜陋不堪，自然會對欲望感到唾棄。

然而，控制欲往往是不由自主的，僅僅看到它的醜陋，對根除它並不一定有幫助，那到底要怎麼從控制欲中暫時得到解脫呢？

這段文獻後面記載：

「……魔王看到自己未來將在下方極遠的世界開悟……因而答應要遵守佛法的教導。」

（彼大自在天身，見下方過三十二殑伽沙數極微塵量等世界……有佛出世，時大自在天出現本身……如汝教勅我等奉行。）

控制欲的解脫，不但要觀察到它本身的醜陋不堪，更重要的是注意到，未來有更大的可能性等著我們。以波旬的例子來說，他是在發現自己未來有可能擺脫物欲的控制、得到覺悟，才選擇走向解脫的。因此，知道我們未來有更多的可能性，是幫助我們擺脫控制欲很重要的一種方式。

就像前面舉的例子一樣，想要「不要再看著慢慢腐爛的蘋果而感到不安無助」，想改變也改變不了，最好的方式就是再種一批蘋果吧！往前走，而不要維持著當下的人生，自然就能從控制欲中得到解脫。

【問答】

Q：福報大較能生天界嗎？波旬也是如此嗎？

A：基本上，要生於天界必須具備強大的福報，而其中魔王波旬更是如此。但正因為有過度強大的福報而得到非常良好的物質條件，自然而然地強化了「害怕失去」這件事情。這也就符合佛法裡面所說的，其實我們擁有的再多，我們的恐懼感就會愈加提升。「不停地追求」跟「恐懼」，這兩件事情是一體兩面的。只有當我們認識到事物的本質，或者說，當我認識到我們所追求的東西是變化的時候，我們才能夠重新看待我們追求的這件事情。否則一昧地追求，只是一昧地強化我們的恐懼而已。

Q：為了一直生存下去，而「永遠不被滿足的欲望」跟「不想要改變、求穩定的欲望」的拔河，不也是無常的一種顯現嗎？兩者，一直都並存著不是嗎？

A：永不被滿足的欲望，以及求穩定的欲望，兩者本身是無常，並且也矛盾地存在著。但關鍵的問題在於，我們沒有意識到它是無常，我們以為它是常的。換句話說，問題本來都不是事件本身，而是我們的認知。問題本來都不是欲望，或者是求穩定這件事，而是我們怎麼去展現欲望，怎麼去求穩定。它們是無常的沒有錯，但在我們不了解「它們是無常的」前提之下，所做的一切的追求，反而都變成枉然。

Q：佛教寓言中的「魔鬼」有更複雜的「人性」是指什麼？

A：佛法預言中的魔鬼所帶有的複雜人性，正在於：他不是一個完全的惡，也不是一個絕對的壞蛋。他所帶有的強大的人性，可以視為欲望的最高級。換句話說，就是最強大的欲望。

某種程度上的人性，就是指欲望，所以，最強大的欲望可以就是說，把人性裡面最強烈的一部分展現地淋漓盡致。這不絕對是惡或是善。在佛法的世界觀裡面，欲望本身不是一個善也不是一個惡的東西，而是一個「如果不正確使用，會帶來很大的摧毀」的東西。但如果正確地去推演它，也會得到很大的好處的一個東西。所以這個複雜的人性，指的就是欲望。而正因為欲望本身帶有太多矛盾的特點，想要進步、但又想要穩定，然後想要得到、又害怕失去等等這些矛盾的特點，才導致我們有所謂的「複雜」這個詞。

Q：魔鬼存在於何處？要如何認知魔鬼的存在？

A：魔鬼不是一個人，而是我們每個人內心中那份欲望變得強烈時的一種象徵。所以魔鬼並不在外在，也不在某個地方會害我們，而是我們會害我們自己。當我們被欲望控制到失去理智，一切都充滿了情緒的時候，我們就是魔鬼。所以真正要謹慎對待的是我們的欲望，而不是去避免外在的影響。

Q：欲望要如何不變成醜陋的占有欲及控制欲？

A：欲望變成占有欲或控制欲中的關鍵環節在於：如果我們任由欲望、放任欲望追求愈多，同時我們又沒有意識到事物不停地變化的話，那它終究會變成強烈以及無法改變的占有欲。只有不停地去意識到，「不停地追求大量的東西」沒有意義，同時去與內心的占有欲溝通，去了解到事物本身不停變化，才能夠避免它變成一個負面的控制欲或是占有欲。

欲望的終極面向，來自無法面對現實、也就是「事物不停變化」的這個現實！

那為什麼我們往往認不清楚這個現實呢？當然，沒有一個人希望自己看不清楚真實的狀況，一定是有某個東西讓我們無法看清！

那這個東西到底是什麼呢？

10 看清楚，不要被騙了

〔無明〕

我一直都很好奇，每次要跟朋友見面的時候，女生都會先在群組裡面說：「我今天素顏喔！」這句話的意思到底是什麼？

再更簡單地來說，我其實也不是很知道女生化妝的意義是什麼。當然，保持一個乾淨的臉孔與清爽的五官很重要，所以保養、敷面膜、除痘疤的雷射等等，我都可以理解，但是在臉上戴上一個面具，對我來說真的很令人困惑。

當然，每一個男生幾乎都會說：「我喜歡素顏的女生！」但不意外的是，大家還是會被化妝技巧高超的正妹給吸引。我想現實的問題在於：當我們要在漂亮的妝容與平凡的素顏兩者中做選擇，還是會口嫌體正直吧！

所以我們還是寧可選擇包裝過的事物，不論是畫上了眼線、眉毛與腮紅的臉龐，還是用華麗言詞裝飾的文句，都讓我們更能賞心悅目地去接受它；某種層度上，甚至可以說，我們不願意接受事物本質的狀況，寧可看到美麗的外相，也不想面對真實的樣子。

不過有時候跟朋友出去，我還是喜歡觀察他們臉上的妝。看到一條黑黑的眼線下面、眼瞼真實的角度，看看眉筆的痕跡後面、眉毛真正的長度與濃密度等等，看到真實的樣子，會有種莫名的踏實感。但當然，在某些場合是很難突破這些表面的妝容，觀察到對方真正的長相，特別是在類似夜店、酒吧這種地方，光線與酒精的影響之下，往往會很難判斷對方的長相到底如何。

這時候，臨檢就起了很大的作用：一旦警察進來進行例行性檢查，燈光大開、音樂停止，許多女生幾乎就都頭低低地坐在包廂裡，或許是見光死吧！

以這種例子來看，看不清楚對方「真正」的長相，主要是因為有各種外在的條件，包括燈光、酒精、妝容等等，當然或許還有心理因素，所謂「情人眼裡出西施」。但無論如何，這些因素都影響了我們，讓我們看不清楚事物的本質。

無明是無法正確認識事物的狀態

「看不清楚」在佛法裡面稱為「無明」，也就是不清楚的意思。在西元一世紀，一部集成於巴基斯坦東部地區的喀什米爾（有些學者主張耶穌曾去那裡求學）的著作《大毘婆沙論》裡面談到：

「什麼是無明呢？就是不了解。這裡的不了解帶有一種『愚痴』的特性，就是無明。」

（無明是何義？答：不達不解不了是無明義。……若不達不解不了以愚癡為自相者是無明）

而在另一部相關著作，對於「愚痴」的定義有更明確的解釋：

「愚痴，就是阻礙我們正確地認識、令我們無法分辨。」

（癡謂愚癡，於所知境，障如理解，無辯了相，說名愚癡。）

可見，無明是一種無法正確認識事物的狀態。

在佛法的理論中，無明是一切輪迴的源頭。但它並不是像創造主這種「第一因」的概念，而是無始以來不停地前後流轉，像蛋生雞、雞又生蛋一樣，因此不能把無明視為「最早」的開始。

既然「不了解事物的真實狀況」是一切痛苦的根源，那這邊所說的「不了解」，是指不了解什麼呢？

悉達多曾經告訴他的弟子們：「無知於苦，以此謂之無明。」

不了解苦，即是無明。

那，此處的「苦」又是指什麼呢？我們知道，佛法主張的「苦」跟一般人談到的苦並不一樣。在第二章我們提到，人類認知到的事物都是不停變化的，這與我們「尋求熟悉感」的特性相違背；同時，大腦「無法滿足」的習性，也與「追求穩定」的人性相違背。這些矛盾的狀況，就是我們所談的「苦」。

更準確來說，既然所有的事物都在變化，就不可能持續帶來穩定感；既然沒有事物能夠帶來安全感，那他們都是「苦」，或者在佛法中，專有名詞稱為「真實的苦（苦諦）」。

因此，所有不停在變化的事物，就是「苦」，因為它無法帶來我們大腦最渴望的滿足感和安定感。悉達多也在《雜阿含經》裡說：「無常即苦。」

人世間無法找到安定感

接下來，如果我們回憶之前談到的內容，就可以討論第二個問題：我們都是透過什麼，來尋求滿足感與安定感呢？

首先，既然知道，我們所經驗到的一切，都是感官帶來的經驗與訊息，就可以推論：我們是一直想要在這些經驗中找到安心感與安定感。

舉例來說，科學研究顯示，「擁抱」這個行為能夠促發我們大腦分泌一種名為「催產素」的激素，因此它又被稱為擁抱激素。催產素主要的作用之一就是能夠減輕壓力與焦慮，甚至已經有一些學者提出主張，認為催產素是能夠有效治癒自閉症的一種誘因。

讓我們感到安心的，不是「擁抱」這個肢體行為本身，而是它所導致的化學作用。可見，體內的化學作用，才是我們追求安心感的基礎。

但是，這些經驗、訊號與化學作用，也是無常的，所以也是「苦」。

我們想要在這些經驗裡找到安定感，但是他們不停變化的特性，讓我們無法感到「安定」，所以它們也就是苦。這邊的「它們」，指的是感官、感官帶來的經驗、感受與化學作用導致的整種概念，悉達多也曾經說過：「各種元素構成，包括感官、感受、想法等五個部分的這個身體，就是苦的匯集。（如是四大身，五蘊苦惱集。）」

換句話說，這個身體就是苦。

整理一下整個邏輯來看的話：我們人類都不停地想要尋找安定感，特別是在這個身體上尋找安定感，不論是想要保持青春，或是透過各種經驗與感受讓自己感到滿足。

可惜的是，這個身體就是不停變化的「無常」，既然是無常，就不可能給我們帶來安定感與滿足感，這就是苦。

那，這與無明有什麼關係呢？

我們不了解自己是無常的

剛剛提到「無知於苦，以此謂之無明」，也就是說：不了解苦，即是無明。既然苦就是指這個身體，那無明，也就是不了解這個身體。

呃，聽起來好像有點拗口對吧！

用文青的話來說，就是「我們不了解自己」。

或應該說，「我們不了解自己是無常的」。

不了解自己是無常的這件事情，聽起來簡單，但其實背後蘊藏了很有趣的一些道理。

從最簡單的角度來說，我們想要在感官的刺激與各種經驗中得到安定感與成就感，但是我們卻沒有意識到，這些經驗與刺激都是短暫的、一瞬即逝的，遠遠在我們還沒有感到滿足之前，就會消失。所以我們汲汲營營地追求著這些刺激，又在無法滿足後感到無比的失落。

但如果有一天我們體會到，這些經驗與刺激都是暫時的，那不但會有效減少這種失落感，更能根本上地改變對感官刺激的上癮，以及更能好好地在當下經驗它。

舉例來說吧，當我們在一段快樂的愛情中，整個人感覺充滿了愉悅（這是激素的效應，也是刺激的一種），我們往往會進入一種惡性循環、討厭的結果：害怕這種愉悅感消失，害怕它在未來突然不見了，所以努力想要維持它；而這種緊張的焦慮感，往往讓我們更無法好好經驗當下的愉悅，反而會搞砸這段關係。

我們一直想要維持它、忙著維持直到忘了好好經驗它，但是，這種刺激本來就是無常的，終有消失的一天。一直想要把一個會消失的東西變成不會消失，讓我們無法專心經驗，這正好是得不償失。

一旦我們知道，任何的經驗都有消失的一天，活在當下好好專注、好好感受它，等到它消失了，才不會捶胸頓足地悔不當初。甚至可以說，對無常的理解，能讓我們對人生更從容。

一位知名的藏傳佛教祖師，九世紀住在印度恆河邊的乞丐帝洛巴，曾經對他的學生

——大學者那洛巴說過：「孩子啊！經驗不會束縛我們！束縛我們的是執著，斬斷執著吧！」

這邊說的執著，就是那「不了解無常、然後強迫要把經驗變成『常』」的那種執著，正是這樣的執著束縛住我們，讓我們無法真正的體驗著當下。

【問答】

Q：**「事物的本質」是什麼？**

A：事物的本質有很多的面向。但最簡單來說，這邊要強調的是對我們認知會有影響的本質。譬如說杯子的本質可以盛水這件事情，我們知道了它之後，我們可以給予它作用，我們可以用它來盛水。但是，知道這件事情沒有辦法改變我們的認知，或者說沒有辦法改變我們那個一直帶來痛苦的認知。認知到事物的本質是變化的、是無常的時候，才能夠去讓我們自我檢討：「那我追求的欲望，是不是不合理的呢？」這樣子的一個認知。因此事物的本質有很多，但我們這邊所強調的，是那些會影響我們的認知、改變我們經驗的那個本質。

Q：當我們認知到自己是無常的了，就可以接受無常的自己了嗎？

A：「理性上的知道無常」跟「實際經驗到無常」有一段不小的距離，所以我們基本上有三個過程要渡過。首先，我們生為一個一般人，我們生為一個一般的生命體，有很多的欲望，有很多的追求。透過佛法的教學，我們認知到「理性上的知道所謂的無常」。但這樣還不夠。因為「理性上的知道」沒辦法改變我們日常生活的經驗。所以下一步就是要透過「專注力」的培養，來去實踐我們分析事物的能力。進而經驗到、發現到，或者用白話說「看到無常」，這才能夠扭轉我們的認知。所以僅僅是認知還不夠，必須經驗到才行。

Q：我們的經驗是怎麼變成執著的？

A：經驗變成執著的特性，某種程度上可以說是因為，我們大腦不停地在推兩件事情。第一個，讓我們追求生存，也就是欲望。第二個，讓我們忽略到無常的存在。正因為這兩件事情，我們才不停地把我們的經驗變成執著。而這是某種慣性、是某種習性，甚至於可以說是先天的。我們從一出生，大腦裡面的基因結構就這樣設定我們的。只有透過培養一條新的迴路，一個新的慣性與經驗，才能夠扭轉這樣原本的慣性。

無明的源頭有許多，但僅僅是想像著「我不要無明」、「我要看清楚」，或是逼迫自己把眼睛睜大，也都是無用的。如果想要從根本性解決這個問題，根據悉達多的建議，我們必須先從「規範生活」開始。

但是這樣的規範，跟一般社會的法律、宗教的道德與哲學的倫理，有什麼不一樣呢？它只單純是一種壓抑自己的「約束」嗎？

11 不是因為對錯，是因為冷熱

〔道德與戒律〕

我十八歲那年就回來台灣服兵役，但因為一直都待在僧團裡面，所以幸運得以替代役身分，到榮民醫院中為許多老伯伯們服務。

我們這種替代役別稱為「宗教役」，主要就是為有宗教背景而不適合參與一般役的人們設計，讓我們也能藉由其他機會服務社會與國家。

不過宗教役役別大部分的服役者，都是基督徒，特別是一個名為「耶和華見證會」的教友們，印象中似乎是因為他們對於持槍的嚴格限制。我記得我那梯的宗教役男中，除了我之外，其他七位全都是耶和華見證會的教友。

當然，雖然我是一個佛教徒，但是在達賴喇嘛的藏傳佛教領袖的強調下，我基本上對於其他宗教都保有友善的態度，所以從來沒有想要主動去與他們辯論或是爭辯諸如「神是萬能的話，他能夠創造出一顆他抬不起的石頭嗎？」的詭辯問題。

然而，我對於他們的教義也有深深的好奇。剛好在分發的時候，與我同單位的一個役男是資深的耶和華見證會教友（似乎稱呼為長老，但我也不是很確定），因此在車上我們就有了一系列的討論跟長談。

憲法與藥方

我們互相介紹兩個宗教的主要思想、理論、戒律等等，最有趣的對話在於，他向我強調了「基督教期待神的世界來臨到人間」的這個概念，而我向他介紹了佛法重視「解脫是個人議題，沒有人能夠干涉或救贖我們」的這個主張。

更進一步地，我告訴他：在佛法的概念中，每個人有各自適合的不同修行方式，並沒有一個特定的標準。對於這一個狀況，他似乎不太能理解，反問我：「但是你看，像一個國家的憲法，是最高權威的法律，但這個憲法是普遍使用在所有人身上的，有一個固定的標準呀！」

當下我閃過了一系列的念頭，但拜小時候訓練邏輯所賜，我快速地掌握了他站在基督教的角度對佛法提出的疑問。簡單來說，基督教的教義像憲法，而佛法的法門像藥方，而這可以說是我對這兩者之間在教義上的根本差異，最早的一個篤定性認識。

一國的憲法是一種「普國」的價值，它是一種「真理」，是當代人們對某些議題的一致看法，不可被撼動；如果到宗教裡面來看，那「神的旨意」似乎就與這樣的憲法相對應：真理、不可撼動，是活在神的國度或世界裡面必須遵守的原則。

至於藥方呢？藥方與法律或真理沒有太大的關係，根本性的特質是「我們需要特定藥物來解決特定的疾病」，這與規定無關，也與真理無關，它不過是一個「解決問題的方案」，而正因為佛法認為每個人都有各種的問題，所以需要的藥方也不一樣。

我參加過不少宗教性的會議，往往都能看到宗教領袖們在論壇中大談宗教的合作計畫，及最重要的普世價值「愛與寬容」。沒錯，這些都是各宗教非常強調的概念，但是大家重視這些價值的原因或許不太一樣。

就像剛剛說的，很多宗教推行道德的原因，是因為認為那才符合「真理」、「天理」。這種思想的基礎，是認為宇宙中有一種「真理的法則」存在，這種法則不可以被挑戰，所以必須遵從它的設定或規範來生活，而這樣的規範，即是道德，是社會穩定的基礎。可想而知，這樣的社會大眾們一定都是先認同那個「真理」，才會認同這個「符合真理」的規範。

跟其他宗教的「道德」相比，悉達多同一時代的其他思想家們所制訂出來的「禁戒」或是他本人所制定的「戒律」，其實都跟呼應某種真理、或是維持社會規範，沒有太大的關係。主要的原因跟悉達多的時代背景有關。

為了遵照真理而有「道德」，為了解決問題而有「戒」

西元前五世紀，雅利安人所建立的婆羅門教社會，是一個以宗教為主、建立了嚴格的種姓制度、保證少數的貴族能夠奴役大部分平民與奴隸的社會，在當時的許多因素之下，已經日漸腐敗。

這樣的腐敗帶來的是反彈與衝撞：與悉達多同時、或是稍早的時代，出現了一群一群走向森林、尋找平靜的思想家與禪修家，雖然他們有不同的人生經驗，但是他們有一個共通點：反對婆羅門教的種姓制度。

這一群人的行動，被稱為「沙門主義」，沙門意為「求道者」，可想而知，既然他們否定婆羅門教的核心思想，自然也不會支持這個思想所建構出的「社會規範」或是「道德觀」。

因此，沙門主義學家們關注的問題，從來都不是一個穩定社會的「道德觀」，而是尋找平靜，或者稱為「解脫」、「涅槃」。而既然他們想要找到的是「平靜」，更進一步的，就會依照自己的經驗以及思想，建構出一套「能夠帶來平靜」的生活準則，這就是此處所說的「戒」。

因此，「道德」與「戒」從一開始，就是站在不同的立場上所建立出來的：前者是為了遵照某個真理來活著，後者則是為了解決某個問題而遵守。

九二一大地震發生的那一年我年紀還很小，記得那段時間停水停電，只能吃很簡單的東西充飢。我媽媽為我煮的是白粥，但她自己吃的是泡麵，記得這件事情讓我心裡很不平衡，因為泡麵很香啊！

可想而知，媽媽不讓我吃泡麵是為了我的身體健康，而不是一種明確的「倫理」、「道德」規範：吃泡麵與否跟善惡沒有關係，這一個「規範」的制定，不過是以健康作為考量的結果而已。

同樣的，戒律的本質也是以「利害」作為考量所制定的規範，而不是一個道德倫理的標準。

在這個「戒」的大系統裡面，又更進一步地分出了佛法的「戒」以及其他沙門思想家倡導的「禁戒」。佛法往往稱呼其他思想或是宗教、社群所制訂出來的規範為「禁戒」，更極端的稱呼則是「邪禁戒」。在某一些文獻中，更詳細地提到了一些「邪禁戒」的例子：比如有些古印度人看到一頭牛在生吃草，死後卻生為天人，就認為他是因為吃草生天的，所以將「吃草」作為一條戒律……

太搞笑了。

作惡其實是在傷害自己

既然戒律的制定是為了解決某個問題而規範，那這些問題是什麼呢？

《大毘婆沙論》說：「契經說戒，或名尸羅……言尸羅者，是清涼義：謂惡能令身心熱惱，戒能安適故，曰清涼；又惡能招惡趣熱惱，戒招善趣故，曰清涼。」

佛經上所說的「戒律」一詞，在梵文原文中稱為Shila，也就是《大毘婆沙論》說的「尸羅」。這個詞原本的含義是「清涼」之義，古代的論師們用煩躁、熱惱的實際經驗，來形容煩惱、惡業的特性；相對來說，能夠消除這樣的煩惱、憂慮，就是清涼，也就是戒律的特性。

儘管這邊提到了「善」、「惡」這樣的用詞，但是這種善跟惡的關係，並不是從普世的道德觀來切入。佛法對於善惡的基準，是以「不害」作為最主要的主軸來進行討論。換句話說，帶有傷害特性的行為、情緒或概念，稱之為「惡」；反過來說，不帶有這樣特性的則稱之為「善」。

有趣的是，我們往往以為，傷害一定是一個牽涉到他人的過程，也就有傷害與被傷害的對立存在，才會構成傷害的條件；或者說，一般談到傷害，都是以傷害他人作為思考的核心。然而，佛法中對於「傷害」的定論，重視的反而是對當事人（或者說加害者）本身的影響。

舉個生活上的例子來說好了。某天早上我起床之後，就開始準備當天下午要參加的一場重量級演講。作為主講者的我，拿出了前一天晚上就讓菲傭燙好的整套西裝，在好好地打扮一番之後離開家門，到南京東路上的一間店吃早午餐。

正當我點好餐，打開隨身的 iPad 再次審閱講稿重點時，拿著咖啡來的服務生卻被隔桌的桌腳絆倒，把整杯咖啡灑在了我那雪白的襯衫上。

在這種當下，基本上我們不太會有什麼理性的思考迴路，憤怒的情緒像本能一樣噴發了出來。再怎麼樣的溫文儒雅，體內也會有種強烈的憤怒感：心跳加速，血液流得更快，努力想要 Hold 住脾氣，只能變成臉上那一絲扭曲的表情。

相對於有些人可能會在當下破口大罵，這已經算是好的狀況了。我們都被教育要控制住自己的脾氣，這才是本事。

問題來了，不論有沒有把這個情緒發洩出來，它真正傷害到的是誰？

自己。

這個答案想必已經昭然若揭。我們以為發洩出情緒可以讓對方受傷、可以讓對方有所教訓，這種充滿強烈憤怒的念頭，甚至是真正付諸行動去對他人的身、心理構成傷害；不論有沒有傷害到對方，第一步一定是讓我們自己感到熱惱。換句話說：惡之所以為惡，根本原因不是因為它傷害他人，而是因為它傷害自己。

這一點可以說是佛法對善惡的定義與普世認知最大的差異，而這種差異也呼應到了前面提到的道德與戒律中的差異：普世認為的善惡，往往以「是否傷害他人」來界定。這是站在建立一個和諧、合作的社會為思考點，認為人與人之間的不害，是整個社會的主軸。而佛法從「重視個人的解脫上」下手，強調負面的情緒與行為對自己構成的負面影響，來將有害與無害作為善惡的分野。

戒律的本質是清涼

既然戒律的根本價值，是消滅負面情緒、也就是煩惱造成的傷害；更進一步來說，它是作為內心穩定的基礎：

「叉尸羅者，是安眠義，謂持戒者，得安隱眠，常得善夢故，曰尸羅。

「叉尸羅者，是得定義，謂持戒者，心易得定故，曰尸羅。」

透過戒律的防範，令人有害的情緒與行為漸漸減少、感到安穩，可以說是戒律的副作用。但是更進一步來說，相對於單純的防範，戒律的另一層意義，是培養出禪定的能力。

在佛法的架構中，所有的修行、理論、實踐都是建立在三個大框架之中：戒律、禪定與智慧，簡稱戒定慧三學。

這三者可以視為循序漸進的關係，也可以被拆開來單獨使用，端看個人所追求的是什麼。如果我們所追求的是終結輪迴這個大遊戲，那智慧是不可或缺的，而這種智慧又必須有禪定的基礎，禪定又要有戒律作為根本。從這個角度來看，這三者是循序漸進：以解脫作為目標，以智慧作為達成目標的終極方案，以戒律和禪定作為智慧的基礎。

然而，如果我們追求的並非如此，只是單純想要參考佛法的方案，來達成內心情緒上的安穩，甚至更深入地認識、剖析自心，那戒律跟禪定的單獨練習，就會是學習的重點。

相對於細緻的戒條與規矩，了解「戒律本質即是清涼」的這件事情，遠遠比前者重要；因為相對於其他宗教強調教條本身是「神的旨意」、「真理的規矩」，佛法的戒條幾乎都是「隨方制定」。

所謂的隨方制定是指：大部分的戒條，都是在悉達多同一時代的社會大眾，就他們對當時人們風土民情的習慣與規矩，隨順當時的社會環境，來制定戒律。然而，正因為那些是隨順當時的社會環境而制定，因此戒條本身的規矩與範圍，遠遠不如戒律的精神意涵重要。特別是對一般生活忙碌、工作朝九晚五的普羅大眾來說，了解戒律本身的清涼精神，對我們日常生活有如何的正面影響，才是重點。

【問答】

Q：佛法不講「道德」嗎？

A：佛法講道德，但是並不認為道德是唯一的指標與最重視的事情。換句話說，如果這件事情沒有辦法對我們的解脫產生任何的幫助，佛法是不在意的。同樣的，如果我們考量的是道德，但是這個所謂的道德，對我們的解脫，沒有任何意義或影響的話，佛法反而認為，這並不是最急迫的事情。因此，佛法是現實主義，而不是追求某種社會和諧、人類共存等等這樣子的社群主義。

Q：佛法是解決問題的藥方，問題不一樣，要吃的藥不一樣，那人們要先選開方子的醫生，還是要先學如何開方子給自己？

A：人們應當要先了解到，自己原本並沒有能力自我治癒，否則我們就不需要醫生了。我們得先意識到自己有問題，才能夠去尋找醫生，才能夠在醫生的教導下，學會如何治癒自己。這是一個循序漸進的過程。所以我們可以說，人會有兩種。

簡單來說，一種是：他沒有想要變成醫生，他知道自己有疾病之後，希望可以在醫生的指導下，透過吃藥改善自己的問題。這就是我們所說的，佛法裡面的「小乘行者」。他們追求的是自我問題的療癒。

但第二種人是：他不但治療好自己的問題，也想成為醫生去幫助別人，自然而然他必須去學習更多的知識，必須掌握更多的技巧。這就是佛法中所說的「大乘行者」。

因此，我們到底想要成為一個什麼樣的角色，端看我們自己的動機。或者以佛法來說，就是我們的發心。

戒律是一條寬闊的道路，走向兩個主要的目的：安穩的生活或是靈活的心理。

然而，如前所說，悉達多一再強調，安穩生活中隱藏著衰敗與變化的特質，因此追求靈活的心理，很明顯就是一個比較聰明的投資：與其把時間花在一場絕對無法勝利的戰爭，也就是努力去維持本會變化之事物的期限，還不如強化自己的心態。

然而，訓練靈活的內心，卻是從專注於一處的「止」開始，讓很多人甚至誤以為，修行的目的，就是追求呆板的內心。

靈活與專注，兩者之間到底有什麼關係呢？

12 為自己、為現在，活著

〔禪定〕

我有一個 Line 的官方帳號，會收到各式各樣的問題，包括個人生活上的問題、對佛學的問題，甚至是佛教界的八卦，五花八門的都有。

其中有一個人讓我印象挺深刻。他提問過幾個問題，這些問題都一直環繞著幾個重點，比如說：打坐是不是可以取代睡覺？打坐可不可以開發內在的眼睛？打坐可不可以讓我們看到宇宙的本能？等等，我曾經點開他的帳號，發現他總是轉貼一些關於賽斯、宇宙能量、水晶、大我、愛上內在小孩等等，虔信靈性、宇宙能量的思想。

的確，大家對於打坐都有很多的想像。特別是現在的文化中，打坐跟禪定如果經過好好的包裝，它就會變成像正念、覺察這樣的主題；如果你是用很典型的方式，例如宗教，你也會有一定的受眾及吸引力。

到底所謂的「禪定」或所謂的「打坐」是在指什麼？

專注的狀態是：自由地控制內心

首先，打坐可以說是禪定的一種外在表現，透過一定的坐姿，讓自心進入禪定的狀態，它只是一個外在的表現。

所以，重點就是「禪定」。所謂的禪定，換成現代話語來說，就是專注的狀態。在佛法術語中，對專注力有一個更精確的解釋：「心一境性」。

心一境性的意涵，就是將內心專注在一個東西上面。但是在這個地方，大家對於這個用詞往往會有一種誤解，以為這種狀態就是發呆、放空，或是什麼都不想；甚至坊間有一些佛教道教分不清楚的民俗信仰理論，會說打坐其實就是什麼都不想、就是放空。但是這其實是錯的。

專注力跟呆板是不一樣的。佛教講的禪定，其專注力的特色並不是指我們非常呆板、硬邦邦地專注在一個東西上面。所謂的心一境性，它的特色是：我們可以自由地控制內心。當我們想要專注在A，就會專住在A；你想要專注在B，就能夠專注在B。換句話說，它並不是呆板，而是奪回內心的自由、內心的主控權。

西藏佛教中，有一幅非常有名、用來形容訓練禪定的畫作，內容是一個僧侶拉著一頭大象：起初，畫師以黑色作為那頭大象的膚色，象徵牠是頭非常桀驁不馴的野象；但隨著路途的發展，那頭大象的膚色漸漸變白，象徵牠慢慢被馴服的過程；最後，原本那使盡力量在拽牠的僧侶，終能騎到牠的背上，完全地控制了牠。

姑且不論馴服一頭大象是否違反任何保育類動物的法條，這樣的一幅畫，明確地表現出訓練禪定、或是訓練專注力的重點：馴服內心，而不是綁住內心。

我們可以說，專注力訓練的目的是為了讓我們的心得到一定的自由，讓我們可以去控制它。我們現在的問題在於「幾乎無法控制自心」，特別是在特定養成慣性的情緒與念頭波濤洶湧地吞噬我們的當下，更是完全喪失了控制權。

所以，呆板跟禪定之間最大的明顯分野是：前者只單純停在一個點，而後者重視我們可以用自己的力量，隨意控制自心。這是專注力訓練最重要的一個目的：自心靈活是目的，專注力的訓練是手段。

欲望就是在追求營養

我們在之前的章節中，介紹到了人類需要欲望。那麼，欲望的目的是什麼？前面也提到，人的生理跟心理為了要能夠持續存活下去，必須要透過欲望，不停地接觸外在的事物。不論是實際的吃，或者是接觸、思考，這些東西都被稱之為「食」。食的作用，是用來滋養我們的內心，讓內心得以生存，可以一直維持下去。所以欲望的本質就是生存的動力，是為了讓自己可以持續生存的動力。

換句話說，欲望就是一種追求。追求什麼？追求營養。這個營養是什麼？就是所謂的「食」。在佛教裡面稱之為「四食」，也就是四種食物，包括實際上我們吃的東西叫作「段食」，還有接觸性、感受性等等能夠維持我們生理跟心理組合的營養。

許多現代研究都發現，禪定的專注力能帶來實際的效益，例如透過專注力訓練的人，他的精神更飽滿、能提升工作效率等等，這就是為什麼像Google為首的許多大公司，也在員工培訓中加入了禪定的課程，而對於這種現象，在佛教裡面有沒有特別詮釋呢？有的：經典上往往都會以食物來形容禪定，或者說：「禪悅為食」，也就是以禪定的喜悅當作食物。

「禪悅為食」並不只是一個口號，它是一個真實的狀況；禪定這種專注力的經驗，佛法將其歸類為「四食」的範疇中。既然人類會有「欲望」這種攝取食物的天性，以人類的典型表現來看，大多是攝取物質性的食，包括食用的「段食」，以及接觸性的「觸食」。

然而，如果我們以專注力為食的話，對我們的內心來說，反而可以取代原本對「物質的食」大量需求的特性。這也就是為什麼佛法的經論中談到，透過專注力的訓練，可以在某個程度上暫時壓制住煩惱。

以專注力這樣的「思食」取代段食與觸食的大量攝取，能夠暫時壓制煩惱的原因是：煩惱的表現往往是基於，我們內心不停地想要汲取外界的物質營養，而物質性的營養值是很低的，所以我們必須大量的汲取，才能稍稍滿足我們的內心。

更討厭的是，物質層面的刺激不但營養值不足，而且很短暫、一下就沒了，這種刺激在佛法中稱之為「粗分」，相對的就是像禪定這種「細分」的替代食品。禪定所含有的營養比例，遠遠高過於外界物質的食，所以透過專注力的訓練，可以讓我們這種「想要不停汲取營養」的心的特性得以暫時紓緩，或者說暫時被緩解。

簡單來說，物質層次的營養就像垃圾食物一樣，而禪定就如同營養均衡的沙拉一般；為了培養一個靈活的身體來面對各種挑戰，那定期運動與營養均衡的飲食是不可或缺的。同樣的，為了培養一個靈活的心理，那定期的專注力訓練，以及營養均衡的專注力培養，才能達成這個目標。

專注，是專注在感受

雖然佛法的經論中，會提到專注力、禪定的訓練，可以幫助我們暫時壓制住煩惱，但是，這樣還是不能根除煩惱。

那麼，專注力的訓練到底在專注什麼？經典上有很多建議，最典型且最為人津津樂道的是專注在感受。主要的原因是：感受是我們對外在物質跟內在認識的主要連結。第二個原因在之前的章節曾經提到，我們人所接觸、經驗、執著的，其實並不是物質，而是那個物質與感官接觸後帶來的感受。

既然使我們產生煩惱的對象是感受，所以我們練習專注於感受的時候，就可以暫時讓我們的內心不會這麼紊亂；另外，正因為專注於感受是隨時隨地都可以進行的，所以是一個很好的訓練。

佛法認為，當感官接觸到外在的物質會產生感受，接著就會引發以思考為首、一連串的心理活動與作用，包括正面、負面或是兩者皆非的情緒和念頭。這一切又是行動的主要來源，而它們都是出自於同樣一個源頭——感受。

所以，如果能夠透過專注力的訓練，讓我們停在感受的階段，那麼後面的心理作用就能夠暫時被緩解，或是不被引發出來。這也就回歸到剛剛談到的專注力的特性中，能夠自由控制自心的這個特質。

我們一直以來都是「不自由」，只要感受一蹦出來，後面一系列的心理作用就會自然地連帶發生，這種慣性已經糾葛多年。

然而，我們現在對專注力的訓練，正是要讓內心抽離那已經養成慣性的心理作用：讓內心可以自由地只停留在「感受」這一階段，不再催生出後面的迴路，這也正是專注力訓練很重要的一個結果。

解決憂鬱症，從減緩思考下手

現在的認知醫學範疇中，往往都會拿禪定的練習來搭配憂鬱症或是恐慌症的治療，主要是因為：憂鬱症往往來自過度的思考。當憂鬱症的人發作的時候，旁邊的人都會跟他說：「你不要想太多……」這類的話。大家都會這樣講，因為我們都知道，憂鬱症是在過度思考、過度想像的基礎之上，把這些思考的念頭當成現實。也就是說，憂鬱症患者在面臨到幻滅的時候，他們有「過度思考」以及「把念頭當成現實」的這兩個特性，這兩個特性可以說是憂鬱症的病源，或者說是造成心理疾病的病源。

為什麼這個狀況可以透過禪定來改善？首先，思考是人類的天性，人類思考時所做的事情，就是透過過去的經驗總集，去推論之後要做的事情。比如說，今天一個學生跟我說，他跟一個女生交往，這女生在遇到一些問題之後就對他很冷漠，然後他就一直想：

是不是這個女生要跟我分手、不喜歡我了等等。

這種行為表現非常典型，就是：他開始去預測之後的事情，他想要有所回應，他想要為這個危機做好心理準備。但現實問題是：對於未來，沒有人可以判斷。所以過度思考，就是看著過去、想著未來，並且把我們的念頭當作真實，把想像視為現實。

那麼，專注力的特性是什麼？就是停在當下。正因為我們停在感受，感受則是一個當下經驗性的東西，而經驗跟思考，在某種程度上是對立的。這邊的經驗，指的是感官的經驗、直接的經驗，比如說聽到、看到、碰到、感覺等等，這些東西在沒有心理作用的介入之前，它都是單純屬於當下的東西，所以專注於感受的培養，都是專注在當下。而思考則是瞻前顧後，建構出了思考與經驗兩者根本性的差異，這就是為什麼專注力在某種程度上可以把思考拉停下來的原因。

其次，當我們陷入思考的時候，我們的心就是陷入了不由自主、不停地跑的一個狀況，可是專注力能幫我們將自主權奪回，這就是為什麼專注力可以減緩憂鬱或躁鬱的傾向。解決憂鬱跟躁鬱的根本，也就是從減緩思考下手。現在很多醫學案例都證明，禪定或專注力的培養，對於減緩憂鬱症或是躁鬱症是有幫助的。

更進一步來說，之前談到，想要汲取營養是人的本能，而這樣的行為就變成了我們在付諸行動中的情緒，情緒占了人類生活中很大的一部分。佛教的主張裡面，在情緒的當下，特別是愛的情緒，當下的內心是迷亂的。

所謂的迷亂，指的是心像脫韁野馬一樣沒有辦法被我們控制；而專注力的培養，最重要的是讓我們可以自由控制自心，讓我們不論在什麼樣的狀況下，都可以把它拉回來，進入我想要進入的狀況。

所以專注力跟愛的對立關係是很明確的：「愛」不停的想要汲取營養，但「專注力」是滿足於當下；「愛」迸發出的情緒，是不停地處於一種不由自主迷亂的狀態，而「專注力」則是拉回這樣的自主權，讓我們可以專注於當下的感受或是經驗。

依照佛法的理論，透過專注力的培養，我們可以得到世間（就是一般生活上）的好處，無論是讓你的思考變得更理性，或是提高工作效率等等。這都是因為，內心得到了足夠的營養。但佛教並不是只停留在專注力這一塊，最大原因是：專注力雖然可以減緩一些情緒、煩惱，或者一些問題，但是它不能根治。在下一個章節，我們將會談到一些佛教特有的專注力的訓練方式。

【問答】

Q：禪定與專注力的關係

A：「禪定」這個詞可以說有廣義與狹義兩種範疇。狹義來說，只有當我們的心穩定到、專注力強大到讓我們已經產生了某種生理上與心理上的真實愉悅感，才稱之為「禪定」。但廣義來說，任何練習專注力與靈活的修行，都被稱為禪定。

靈活的專注力與專注力之間最大的差異在於：舉個例子來說，如果我們開車很專注，這樣的專注我們可以稱之為專注力，但不稱為「定」，不稱為禪定的「定」。為什麼呢？因為禪定的「定」必須帶有那「一絲靈活」，能夠讓我們自由控制自心的能力。而在開車的當下，我們除了專注之外，我們不能控制我們的心去任何地方吧？因此，在專注力的前提之上，多了一個靈活的特性，這才是禪定最重視的。

Q：為何只有專注於當下的思考才是理性的？

A：「專注於當下」之唯一理性的原因在於：當我們放眼未來，我們就是不停地在推測。而當我們推測，講白了，我們就帶入了非常多感性的恐懼經驗：我們害怕我們之後會變得怎麼樣。我們會過度地想像，而這個想像都在想像什麼呢？想像我做了這個決定之後，會不會給我帶來什麼經驗上的痛苦、情緒上的不悅。因此，只要我們是放眼未來的事件，基本上都跟我們自己的利益有切身關係。而這個利益具體來說，就是給我們帶來的感受、情緒等等。

反過來說，「專注在當下」就是說，沒有這樣子一個對未來恐懼的包袱。而拿掉這樣的包袱，我們才能夠真正地專注，或者用現代話來說，真正地「作自己」。而我們原本以為的「『關注未來』的作自己」，其實是帶有一絲恐懼與情緒、感受等包袱在裡面的。

「止」的培養，包括「靈活」和「專注力」兩個重要的特性。然而，「靈活」與「專注力」之間的比重差異，也會影響「止」的作用。長遠來說，靈活的內心才是佛法追求的目標；然而，在暫時的作用上，「專注力」反而是更快可以看到效用的。

心情不好的時候，轉移一下注意力、專注在呼吸上，可以快速扭轉這個問題。工作效率低落的時候，往往也是因為專注力不夠。

更重要的是，單純專注力的訓練，其實也與「想像力」有密切的關係。

13

想像力的藩籬

〔五停心觀〕

我很小的時候，大約在十歲、十一歲就出家了，但因為在台灣的小朋友都必須要完成義務教育，所以我還是跟一般的小孩一樣，要去國小、國中上課。

我記得那時候在班上，因為大家都還是小朋友，所以我們也都會跟其他同學一起玩，但是如果我們這些小和尚跟女生同學聊天，其他同學就會半開玩笑的說：「吼！出家人不是色即是空嗎？怎麼還跟女生講話。」

不過當然，他們其實不太懂這句話的意思。

現在在社會新聞中也偶爾會看到，如果某個出家人在與性有關的議題上有所踰矩，無論是看成人動作片、跟異性牽手進摩鐵，或是出現爭議性的性行為事件，社會大眾都會以「六根不淨」、「破戒和尚」等等的詞彙來形容。總之，社會已經有一個既定印象：出家人不能有任何與異性互動、接觸的欲望。

沙子怎麼可能煮成飯？

的確，在佛法的體制中，僧侶必須斷除欲望、特別是性慾，可以說是如臨大敵一般。悉達多曾經用一個譬喻，來強調對性慾的排斥。

《根本說一切有部毘奈耶》：「寧以男根置在猛害毒蛇口中，不安女根中。」這是因為在佛法的思想中，性慾是所有欲望中，最強烈、粗糙的一種；相對於其他層次的欲望與追求，正是最為猛烈的這種性慾，讓我們一再地投生在欲望難以滿足的世界：它不但帶有猛烈的特性，同時也會讓我們越喝越渴、無法滿足。

佛陀曾在經典上舉了一個例子：

「若不斷婬修禪定者，如蒸砂石欲其成飯，經百千劫衹名熱砂。何以故？此非飯本，砂石成故。」

如果在性慾沒有被克制之前，想要得到一定程度的禪定成就，就好像不停地煮一鍋沙子，任你煮了千百年也不會煮熟成飯一樣。

這種論述其實不是佛法特有的，在悉達多的那個時代，其他的宗教徒、冥想家，也就是非佛教的其他隱士們，也有很多是追求禪定的，他們也同樣承認，要得到一定的禪定之前，必須先成就所謂的梵行，也就是停止性慾、性行為。

這些冥想家們認為，性慾的本質跟禪定是徹底對立、相違背的，透過根斷性慾，能夠某種程度上得到解脫，不再轉世。具體來說，性慾高漲時，人們是內心處在一種極為無法自制、近乎噴發、抓狂的躁熱的狀態。經典上都會用火來形容欲望，而如前所說，以清涼形容梵行。

這種譬喻，不論是從生理上或者心理上來說，都是一個非常恰當的形容；也就是說，性慾的本質是極為不理性的。

如果以人類大腦的架構來看，當我們的本能、欲望跟情緒腦聯合在一起，把我們的理性給壓抑住的時候，當下我們的經驗呈現出來的，就是極為紊亂的內心；而這樣的一個紊亂狀況，對培養禪定會直接造成負面的影響。

因為在我們培養禪定能力的過程中，直到內心到達一個極為穩定的階段之前，都很有可能會被這種內心紊亂的狀態所影響，以至於沒有辦法再進步，就會進入一種進步又退步、進步又退步的狀況。

所以，佛在經典上也強調，為了要調伏欲望，讓自心適合練習專注力的控制，我們必須先透過其他幾種特殊的禪定練習。在這之前，我們可以稍微簡單解釋一下欲望跟禪定的幾個最大的不同特性。

首先，欲望是不自主，而禪定是自主的，禪定強調的是我們可以自由控制自心，一種深刻的專注力；再者，欲望是激動，而禪定是中性的，禪定不帶有「不理性」與「衝動」的特質。

如果說，我們在培養禪定與專注力的過程中，對專注力的訓練不夠、內心不夠自由，反而呆板地停留在一個地方，那內心就有可能會進入一種沉悶呆板的狀況。這種呆板的狀況是許多人會遇到的，特別是剛剛提到的許多隱士，他們所追求的心理狀況，某種程度上也是追求如此的狀態；而這種沉悶跟呆板，更明顯是與欲望對立的，因為欲望是一種飢渴、似乎沒有吃飽的狀況。所以在經典上，一再一再地把這兩者拿來做對立的比較。

身體沒有什麼好迷戀、溺愛的

當性慾沒有辦法被我們暫時壓制或調伏之前，我們要培養出一定穩度的禪定是有困難的。為了要處理這種會干擾禪定的欲望，佛在經典上提出了一些特有的禪定方式，其中最有名的一種，叫作「不淨觀」。

所謂的不淨觀有很多的操作方式，但基本上，就是透過觀察身體裡面各個細節的特色。比如說，把我們的身體拆成三十六個部位或是四十幾個部位來一一觀察等等，來讓我們知道，身體是沒有什麼好迷戀、溺愛的。

舉例來說，將我們的身體分解成許多的部位來觀察，《中阿含經》提到：

「如是比丘此身隨住，隨其好惡，從頭至足，觀見種種不淨充滿，我此身中有髮、髦、爪、齒、麤細薄膚、皮、肉、筋、骨、心、腎、肝、肺、大腸、小腸、脾、胃、摶糞、腦及腦根、淚、汗、涕、唾、膿、血、肪、髓、涎、膽、小便。

「如是比丘觀內身如身，觀外身如身，立念在身，有知有見，有明有達，是謂比丘觀身如身。」

也就是說，將我們認為非常帥氣、美麗的肉體，拆開成三十到四十個部分來觀察；透過培養一一觀察的慣性之後，當我們再次看到這樣誘人的肉體，就會下意識、自然地注意到它是由許多細節構成；那種將整體組合在一起、視為「有吸引力」的認知，就會漸漸消失。

簡單來說，就是訓練我們的眼睛，讓它們變成一對顯微鏡。

另外一個方向，是觀察死人的屍體腐爛的過程，用這樣的方式去了解我們的身體沒有什麼可愛的，《中阿含經》中說：

「爾時，世尊告諸比丘：『年少比丘始成就戒，當以數數詣息止道觀相，骨相、青相、腐相、食相、骨鏁相。……在於床上結加趺坐，即念此相，骨相、青相、腐相、食相、骨鏁相。所以者何？若彼比丘修習此相，速除心中欲恚之病。』」

這是透過循序漸進觀察死屍腫脹、腐爛、分解，到最後剩下骷髗，以達成壓制性慾的目的。

這兩種不淨觀的操作方式，有些許根本上的差異：

第一種是透過分析身體，來做觀察。這種不淨觀其實已經不只是專注力的範疇，它已經有點偏向於分析，是在分析身體的構造，來達成對事物的認識。

第二種方式，則是直接去觀察、看著死屍的影象，透過觀察死人身體腐爛變成白骨等等的過程，來深刻地把這樣的影象印在腦海中。

根據佛法經典的主張，當這種影象投注式的不淨觀得到一定的成功後，我們就算看到一個美麗的女子，或是姣好的對象時，我們也會如同真的看到腐爛的東西一樣；也就是說，我們會真的看到這種腐爛影象浮現出來，在經典上稱呼這個過程為「勝解作意」。

「勝解作意」是一種透過心專注於某個影象，而投射出的一種類似影象殘留，或者是讓腦海下意識浮現出該影象的過程。

如果我們從「勝解」這個詞來做解釋的話，所謂的勝解，不一定是指我們直接從眼睛看到那個影象。經典上說，勝解，是指我們對某一件事情有絕對性的認定，且沒有懷疑。

觀察你的想像力

前陣子我在教授某堂禪修課程的時候，一個學員的提問讓我印象深刻：

「老師！我常常被人欺負與霸凌，後來看到有些人建議我們在面對這種狀況時，將對方的這種行為，視為我在還債！一定是我過去世傷害過對方，他才會欺負我。這樣想對我很有幫助，但是請問這樣的想法對嗎？」

不要笑，這位同學是很認真的，而我也給予了他相對應的答案，但重點在於，他的這種想法就是一種「勝解作意」。勝解作意帶有兩個特色，一來，他是「想像」出來的，佛法稱之為「增益」；二來，他帶有一種強烈的確信、深刻地認為這是真的。

雖然它是想像出來的，但是它的確能夠達成片面的作用，以這個同學的狀況來看，這真的讓他內心好過一點；而以我們的主題來看，深信或是想像「前面這個帥哥／美女的身體終究是具骷顱」，也能夠暫時壓抑著我們部分的欲望。

所以，不淨觀對於我們大腦迴路的影響、對我們認知迴路的影響，不一定是指我們真的看到不淨的影象。

這兩種不淨觀的練習，是橫縱交構的：第一種方式是在一個時間點，深入地剖析細節；第二種方式則是貫穿前後，觀察它的整個變化過程。也可以說，透過不淨觀的練習，讓我們肯定地知道，一個人的肉體，不但是由很多不淨的細節所構成，同時也是不停變化、終將毀損，沒有一個整體的「誘人」、「可愛」可言。

這樣的觀察方式能夠有效地幫助我們暫時地壓抑著欲望，讓我們能夠暫時擺脫性慾的控制，好好地培養禪定的能力。

壓抑住念頭與情緒，只是治標不治本

如前所說，追求擺脫性慾、培養禪定以求解脫，並不是佛法的專利。與悉達多同一時代的其他隱士們也主張禪定的重要性，他們循序漸進地建構出一套禪定體系，認為透過這個體系的訓練，能夠讓人徹底解脫，不再轉世。

悉達多同一時期的大師們，幾乎都一致認同：痛苦的來源，是內心的各種作用與活動，包括思考、情緒等等；也都一致認同「欲望」是令人不斷輪迴的根本。然而，要如何解決欲望？如何停止一系列的思考和情緒運動呢？

其中一種主流看法，是透過壓制、甚至根除心理的作用，來達成解脫的目的；換句話說，只要內心不再有情緒、想法、思考，那自然就能得到解脫。

因此，部分的大師們就以追求沒有念頭，或者稱為「無想」作為目標：先透過培養禪定，讓自心能夠更加自由；再將這樣專注力強大的心理狀態，用來抑制念頭與想法，達到終究「無想」的目標。

然而，就像我們一再強調的：內心的作用很大程度來自於與外界的互動。具體來說，只要有感官與物質的接觸，這樣的接觸所帶來的感受，非常自然的就會催生我們心理層面的反應，也就是各種的念頭與情緒。

所以，僅僅是壓抑住念頭與情緒的作用，只能在某一種程度上，暫時地停止痛苦的迴路，但是還是那句老話：治標不治本。只要有感官與外在的接觸，帶來感受，那後面的一系列反應出現與否，只是遲早的問題而已。

一部分大師意識到了這個問題，所以將他們的目標放得更高，也就是將感受給壓制住；他們意識到「只要有感受，終究有一天就會有想法作用」的問題，所以更進一步追求壓制住感受的運行。

這種大師所追求的目標，在佛法中稱為「滅受想」，也就是追求壓制住感受與想法的活動。他們認為這樣的成果，就能夠讓人不再有任何的貪愛，更近一步就不會有回到輪迴、再度轉世的可能性。

這些思想是早在悉達多來到這個世界以前，就存在於印度大地上的各種實踐技巧。然而，不論是上面說到的「無想定」或是「滅受想定」，他們都以消滅某件事情，或是壓抑住特定的心理作用為目標；但就算到這個程度，他們仍然會有一個「我要壓制住念頭」、「我要無念頭地存活著」這樣的想法。

佛法認為，僅僅是這樣的想法，就是再次回到輪迴的根本。

【問答】

Q：性慾是本能還是想像出來的東西？

A：以佛法來看，性慾是本能而不是想像出來的一個東西，所以它並不是一個我們透過理性上的思考與控制就可以改變的。正因為它是本能而不是想像，所以單純用理性上的壓抑並不能改變它，只有透過經驗上的迴路再造，也就是透過禪定、智慧的培養，才有辦法扭轉它的影響。

Q：如何壓制感受的運行？如何消除壓制這個念頭？

A：佛法並不認為「壓制感受」是最大的目的，不過以壓制感受作為暫時的目的來看的話，有一系列的專注力的培養，是可以達到這個目的的。這種專注力的培養，其實是在使用我們所講的禪定的力量，去達到一個效果。

佛法裡面認為，禪定是一個很好用的工具，可以幫助我們完成非常非常多的事情。同樣的，一組禪定，可以在很多不同的地方展現出不同的效用。就像我們所說的壓制感受、消除感受，雖然不是佛法的終極目標，然而透過一定的禪定力量的培養，可以到達這樣的目標。

「勝解作意」雖然能夠達成一定的壓制效果，然而，我們都知道，壓抑只有「暫時」的作用，無法達到徹底的效果。

雖然我們慣性上，都會選擇簡單的方案。但是佛法認為，這種選擇，短期上來看雖然有效果，但根本上來說，卻更強化了我們「看不到現實」的狀況。

壓抑與看清現實兩者之間，是有平衡點可言的嗎？

14

了解真相，就不需要壓抑

〔無我〕

我十二、三歲開始學習藏文，是我第一個學習到的「綜合語（Synthetic language）」。這種語言系統的特性是：一個句子中的每一個名詞，都會透過其語尾變化、或是加上一個標籤，來標注它的作用。

聽起來很複雜吧？沒關係，我簡單舉個例子：像在藏文裡面，加上「yis」這個詞所標籤的就是主詞，換句話說，不管這個名詞擺在整個句子的哪個位置，只要它加上yis這個標籤，就一定是主詞。

這樣的語言架構有兩個特色：一、語言的順序不會那麼重要，因為有標籤就能知道它是什麼詞性了。其次，有時候連主詞都會省略，因為光是看那個動詞的變化，就能知道主詞跟受詞是什麼了。

日文似乎也有類似的特色：愛情電影裡面，當男主角跟女主角說「我愛你」時，其實在日文裡面往往都只說了「喜歡」，而沒有說「我」跟「你」，因為男主角說出的動詞變化，就已經明確架構好主詞跟虛詞了。

後來開始接觸翻譯工作、乃至到現在在培訓翻譯，這種詞性的問題是最讓人頭痛的：藏文裡面省略了許多的名詞，但是翻譯到中文的時候，有些要補回來、有些可以省略。

最有趣的一次經驗，莫過於一個學生來問我：「老師，藏文的文句中，常常省略『我』這個主詞，是不是跟佛法講無我有關係呀？」

無我：沒有主宰的存在

看著他殷殷期盼的眼神，我不忍讓他對這個被賦予太多神聖性的語言感到幻滅，只能委婉地答覆他。

的確，「無我」這個論述，是佛法最有特色的一種論點。不少人不太能理解這個詞本身的意涵，甚至認為所謂的無我，是指我們不能認為有一個「我」的存在。

數年前在尼泊爾的某個學院，那時候我正參與一場為西方交換學者們所開設的佛學課程，擔任助教與實習者。記得我的老師向他們提到「無我」這個概念之後，幾個西方人當場就露出了超級驚訝的表情，狂作筆記與點頭。

等到下課之後，我在教室外的走廊遇到了其中幾位往往會跟我們一起去喝茶的朋友，其中一位跟我說：「一起喝茶？」

「好啊，跟你去。」

這對話聽起來怪怪的，他沒有講主詞。但沒關係，到了茶館之後，我坐了下來問他：

「你要喝什麼？」

「喝點檸檬薑茶吧。」

「你確定？」

「不，我不喝，喝。」

「蛤？」

「我不喝，喝。」

「你是在說什麼啦？」

「沒有我啊，怎麼有我在喝呢？」

很多人聽到無我的理論時，下意識地會認為這是一種詭辯、文字遊戲，這樣的根本問題是對「我」這個詞的理解。

在印度的語言中，「我」叫作「Atma」，但這個「Atma」並不是指你、我、他中的「我」，而是指「主宰」；換句話說，無我是指「沒有主宰的存在可言」。

輪迴之因在「念頭」

在前面的章節中，我們依序地介紹到了，欲望是令人不停轉世的重要力量；而直接地認識到，生理與心理組合不停變化、稍縱即逝的特性，是停止轉世的重要動能。

然而，這樣的主張不完全算是佛法的特色，幾乎在同一時代的其他印度思想家們，都或多或少有提出類似的主張。這也是為什麼他們大多重視透過專注力的培養，來循序漸進地壓抑住概念、情緒、念頭、感受，來保證「我」不再受到欲望的誘惑，而驅使處於輪迴之中。

這樣的認知看似合理，然而其中或多或少鋪陳出一些思想特色：壓抑了概念、情緒、念頭、感受之後，「我」就不會再痛苦了；換句話說，這個「我」是獨立於概念、情緒、念頭與感受之外的，否則僅僅壓抑前面這四者，我就會被消滅了，對吧？

但更大的問題出現在後面：如果這個「我」是獨立在概念、情緒、念頭、感受之外的，而在壓抑了這四者之後，「我」仍然存在，那我到底是什麼？

如果這個問題太頭痛，那我們先從另外一個簡單的地方切入：不論這個「我」是什麼，只要是一個需要被保護的存在，一但有這樣的意念、也就是想要「保護」的念頭存在，那麼就算平常能夠壓抑住念頭、情緒與感受等，但在某些時候，局面將會失去控制。

更具體來說，我們必須很清楚地了解，為什麼我們會轉世；如果把這個東西挖到最底來看，不單單是因為欲望，而是因為你、因為我認為，要保護「我」的存在。

舉個例子來看：當我們面臨到死亡的時候，我們的本能求生意志會迸發出來。儘管平常能夠透過專注力的運作，壓抑住念頭、感受等等的活動，然而死前的那份恐懼，會令我們自然地迸發出這樣的求生意志；而正也就是這個強烈的求生意志，讓我們再轉世。

任何一個生命，在面臨到死亡的時候，都會努力想要擺脫這個狀況；就算是想要自殺的人也是如此，不然為什麼沒有人可以靠閉氣自殺？那正是因為我們的本能腦不允許這件事情發生，所以在面臨到死亡到來時，本能會用盡一切力量來掙扎。

那為什麼我們會有這樣的求生意志呢？因為我們認為，為了「我」，我要做一點事情。當佛法在分析其他宗教思想家時，會認為，以一個修行禪定者為例，當我們即將死亡的時候，這個修習禪定的人會產生一種：「我有穩定的禪定，所以來生一定可以得到安樂。」一如此，他就已經有了「我要有來生」的念頭，而這樣的一個強烈的念頭，就是讓他的心續持續轉世的一個最重要動能。

所以如果想要停止轉世、輪迴，最主要的一個重點，就是在死亡時，不要讓這一個求生的意志，或者說這種強烈的「想要持續下去」的本能迸發出來。

但是我們大家都知道，這基本上很難做到。只要人面臨到生死交關的時候，想要生存的意識是如此強烈，一定會讓我們更加地執著在這件事情上面。連一隻螞蟻要被踩扁前，都會努力逃跑，保護牠的「我」以求生，那更何況是人呢？

所以，何謂求生？其實就是求「我」生。這個思考邏輯是很單純而明確的，正因為有一個「我」，所以要保護這個「我」，而這個保護的動力在面臨到挑戰時，更加強烈，升級成了一種欲望。這就是為什麼單純的壓抑住情緒、念頭與感受沒有作用，因為那只是在平常的時候達成的壓抑而已，當危機來臨，這個壓抑的力道完全無效：就像平常能夠維持人們居住的豆腐工程建築，在地震危機來臨時，根本經不起考驗一樣。

壓抑不能解決問題，認識到現實才能

我很喜歡近年來蔚為風潮的「轉型正義」概念，然而並不是政治層面上的。作為一個研究佛法思想的人，我深知許多概念、主張經過長期的發展，已經開始變質，或是被現在的主流佛教徒束之高閣。

這個時候，轉型正義所提供的「真相與和解」概念，就變得至關重要。只有發現了真相，才能有正義、和解或是撥亂反正的一天。

同樣的，相對於透過專注力的心理力量來壓抑，佛法更重視的是認識到現實，或者稱為「如實知」：只有知道了現實，才能糾正我們的誤解。如果以前述的例子來看，認識到事實，也就是沒有一個「主宰的我」、獨立於概念、感受與情緒以外的「我」存在，是徹底斬斷輪迴的根本。

其原因並不是因為它有一個壓制性的能力，而是因為它符合現實；而符合現實的認知，才是讓我們解脫的根本。反過來說，壓抑各種心理的運作，反而是在強化執著於一個「獨立於這些運作外的我」，因此，壓抑不能解決問題，認識到現實才能。

在佛法的歷史進程中，「無我」一直是個非常重要的議題，因此許多大師們花了大量的篇幅與時間，從不同的角度來詮釋，為什麼沒有一個「獨立的我」存在的這個議題。不過，過度複雜的議題不是我們此書的主軸，所以相關內容就此打住。

總之，佛法的思想體系中，透過培養專注力來訓練內心的力量，以能夠穩定地培養觀察力，發現、認識到「無我」，這才是拔除欲望、煩惱的根本。僅僅是壓制，無法根除。

【問答】

Q：認識到「我不存在」的現實與認識到「情緒、念頭、感受不存在」，有何不同？主宰的我是由什麼組成？我只是純粹「主宰」而存在嗎？

A：認識到「我不存在」的現實，與認識到「情緒、念頭、感受並不存在」不一樣。佛法認為情緒、念頭、感受是存在的，但是我們的問題在於，認為有一個「我」獨立存在於整體的情緒、念頭、感受、身體……等的這個組合以外。佛法認為組合存在，但是獨立於組合存在的「我」並不存在。正因為我們一直以為，有個需要悍衛與保護、獨立於整個組合以外的「我」，這正是痛苦的根源。所以「我」並不是一個存在的事物。

佛法並不否定我們的痛苦、我們的感受、我們的念頭，是真的在運作的，但是問題在於：我們認為，感受、念頭跟痛苦的背後，有一個強大的我、強大的主宰在那裡。佛法認為，我們根本找不到這個我跟主宰。但正是「找不到這個東西、卻以為存在」的這件事情，讓我們不停的產生想要悍衛這個我、這個主宰的行為，而正是這些行為，給我們帶來一堆的痛苦。

「知識上了解真相」與「實際經驗中理解真相」之間，還是有一段差距。就好像我們道理上知道不應該闖紅燈，但在趕時間時，如果走過沒有太多人的鄉間小徑，可能還是會快速走過一樣。

這完全是我們大腦中的調皮因子作祟，也非常合理。所以，如果要改變這種「看不清真相」的狀況，也必須從我們大腦的認知過程下手改變。

15

一二三，木頭人

〔智慧〕

我從小就是一個公認的天才，但是在我讀書的過程中，很多長輩都會跟我說：「你要用智慧，不要用聰明。」

我後來發現這種話不是只有我聽過，身邊很多從小就比較精明的小孩，都會被長輩這樣叮嚀。可見在華人的文化中，智慧跟聰明好像變成兩個對立詞。

聰明，似乎都是指為了自己而使用的一些小手段；智慧，則是全面性的思考，站在一個大的局面上，來完整的架構、計畫。

「智慧」這個詞在日常生活中的使用，某種程度上也影響了許多佛教的法師們，偶爾看電視轉到宗教頻道時，也會看到某些法師，講課的主題類似於「佛法中的大智慧」、「活出佛法的智慧」等等的名詞。

佛法裡面也大量地使用「智慧」這個詞。在梵文中，智慧稱為般若。其中的「若」，就是知道、了解的意思；而「般」是指正確、合理。所以說，正確地知道、合理地了解，就是智慧在佛法中的意涵。

所謂的智慧是……

然而，如前所說，我們往往會把智慧跟一般生活中使用的某些詞彙混在一起。智慧本身雖然是一種認知事物的能力，但是在這種能力裡面，又有很多的類別、範疇：處理人際關係的智慧、達成目的就是智慧、小不忍則亂大謀是智慧。具備這些條件的人，我們就說他很有智慧。

簡單來說，我們會以認知事物能力的多寡，來判斷這個人有沒有智慧。從這個角度來看的話，的確是符合智慧的意涵，但是佛教裡面講的「正確的知道」，這個正確指的是什麼？是非常值得討論的。

在生活中，不少人覺得，理性的知識就是「正確的知道」：當一個人能夠很理性的分析一件事情，我們就說他很有智慧。

有的時候，我們會把智慧這個詞跟欲望作對立：如果你能夠為了一個偉大的目標暫時壓抑住自己的欲望，我們會說這是真正的智慧。

在使用智慧這個詞的時候，我們會以「理智」來解讀他，進一步定義出理智跟欲望的對立，所以認為，所謂的智慧所指的正確認識，是說一種跟欲望相對、理性的認識，我們稱之為智慧；第二種使用智慧這個詞的狀況，是將其視為是知識性的。比如說，我透過學習很多的學問，得到了一定的認識，就稱之為智慧；一件事情我掌握到什麼樣的程度，就稱之為智慧。

但是，剛剛提到的這些智慧，都是屬於思考性的，它們都帶有分析、思考、統籌、判斷、計畫的特性。然而佛教終極所追求的智慧，並不是思考性的智慧。當然，佛法也承認有所謂思考性的智慧存在，佛法將這種智慧佛教稱之為「世間慧」。

佛法將世間慧基本上分成兩種：一種叫作聞所成慧，一種叫作思所成慧，也就是「透過吸收知識所產生的智慧」以及「消化知識之後所培養出來的智慧」這兩種。佛法承認它的存在，但認為這是屬於世間的、一般的智慧。

知識性西方哲學，分析性佛法

佛法所終極追求的智慧，跟這種智慧的迴路並不一樣：佛法追求的，是屬於分析所培養出的觀察性智慧。

什麼叫作觀察性的智慧呢？這個就要銜接到之前談到的，關於我們認為有一個獨立存在的「我」；或者說，我們認為有一個要去捍衛、要去保護的一個「我」存在。為了這個「我」，為了求生的本能，我們就不停地去做很多行為。求生的本能是所有生物都有的，為了讓「我」生存，我們有各種行為的展現；而佛法講的，就是透過觀察自身的方式，來注意到沒有「我」的存在。

在此有個極為重要的點，是在於：現代許多人將佛法與哲學混為一談，但這是否某種程度上誤解了佛法的本質？相對於追求萬物真相與知識的哲學，佛法追求的，是瓦解「誤會」這件事情。

印度同一時代的思想家與隱士們的共識就是：所有的痛苦都是來自於誤會，這種誤會並不是對宇宙運作的不理解，而是對自身狀況的誤解。換句話說，如果只有一個機會可以選擇，佛法選擇的是消除對自身的誤解，而不是追求對世界的認識、外在的知識等等。

如果我想要消除我對一個人的誤解，舉例來說，如果在酒吧認識了一個在酒精與燈光的催化下看似漂亮的女生，單純想像「她不正」、「她應該很老了」、「不要跟她再更近一步聯絡」是沒有用的，最有效的方式，是打開燈光，看清楚她真實的長相。

簡而言之，哲學的目標是追求知識，也就是愛智（Philosophia）；而佛法的終極目的是瓦解誤會，進而得到解脫。

因此，佛法所追求的智慧，自然就是以「瓦解誤會的觀察與分析」作為最大前提，知識的累積與否、對世界的認識寬廣，實在是比較次要的問題。

當然，佛法也追求智慧，但是智慧是手段，不是目的，佛法的目的是解脫。而愛智者追求的，即是智慧本身，也就是以智慧本身作為目的。

知識不是要淵博，而是要深邃

如果用很簡單的一句話來說，「無我」可以說是佛教最特別的一個主張跟思想。當然，它是透過觀察而不是思考，不是我每天坐在那邊想：「沒有我……沒有我……」然後有一天就想出來了「無我」；而是透過觀察、分析自己的身心，進而意識到無我的狀況。

既然佛教的智慧是建立在分析而培養出的觀察，而為了達到這樣的分析，我們的心必須能夠被自我控制，當我希望它分析這個的時候，它就能夠分析；當我希望它分析那個的時候，它就可以這麼做。所以我們必須要有專注力或是禪定的基礎。

但是，智慧、或者說分析本身的特性是什麼？這個就要回歸到之前談到的：當我們的內在感官跟外在的物質接觸，產生感受以及一連串心理作用的時候，這些每一個過程，不過是一個個過程，實際上沒有一個整體的主宰者，或是獨立的一個經驗者存在。這可以說是佛教觀察所需要培養的重點。

當然，每個過程的觀察都有不同。像之前談到，專注力是專注於感受，所以在觀察分析的時候，往往也會建議我們分析我們的感受，以及接下來的心理狀況；當我們分析到，感受跟心理狀況都帶有這種稍縱即逝的特質，也就是所謂的無常，這會讓我們了解到，並沒有一個常存、不變的「我」存在。

在某些經典上，會將這個過程形容為「徹底找不到我後，認定了無我」，而佛法認為，這樣的過程是很重要的。所以可以說，佛法的智慧指的不是某一種策略性、認識性，或者是很有知識的一種智慧。

很多後期的佛法文獻中，都會把智慧譬喻為大海，其實這個譬喻在早期的經典裡面，並不會這樣使用。為什麼會用大海來比喻？這是代表知識淵博。可是早期佛法認為，知識不是要淵博，而是要深邃。什麼叫深邃呢？就是對於一個東西的真正狀況要能夠有所認識，而不要認識很多東西。

換句話說，我們必須要認識到什麼樣的真正狀況呢？就是要去認識到，我們現在所擁有的身、心理所有組合的真實狀況，僅僅是如此，我們就能夠得到解脫。為什麼？因為我們現在會產生的任何煩惱，都是為了要保護「我」的這個組合，都是因為我認為這個組合必須生存，所以產生保護的行為。

只要認知到「我」現在這個身、心理的真實狀況中，其實根本沒有一個「我」，那麼自然就能夠得到解脫。所以如前所說，佛教的智慧如果讓我們二選一，一個是認識到所有事情的學問，一個是能夠認識到自己身、心理真實的組合狀態的話，佛教會選擇後者，因為這個才跟我們的解脫有更密切的關係。

因此，佛法講的智慧，其實它的重點並不是淵博而廣大，而是深邃。因此，認識到事物的真實狀態才是佛法所追求的。

這樣深邃的智慧，是要認識到「自己」真正的狀態；相對於學習許多與社會人文、自然有關的學問，佛法重視的，是認識自己真實的樣子。

培養智慧，是一個循序漸進的過程

那麼，事物真實的樣子，指的是什麼？

第一，它有稍縱即逝的特性，這是整個佛法體制都很強調的；第二，它本身並不代表我們認為的那個樣子。我們都會給它戴上一個慣性的認知，會認為這是一個「我」，是一種真實的存在，可是當我們分析以後，知道並不是如此，是我們用自己的概念去局限了它本身的狀況。

所以，透過靈活控制內心，去分析這整個身、心理的組合，進而認識到，其實沒有一個獨立的東西存在；也就是意識到，我們強加的概念，其實不是它真正的狀況。這可以說是佛教修行的一個目的跟終極核心。

佛教的智慧要如何運用，可以說是佛教後期各個教派中最大的差異所在。每個教派對於該如何正確認知到事物，都有很多不同的主張。簡單來說，現在比較為人所知或最常被認識的，像有一些學派會使用的方式，是讓我們去觀察整個身體的感受；當感受出現的時候，分析到「它是什麼感受」然後就停止，不要讓這個心理狀態一直持續下去。

比如說，我們以前的心理慣性，可能是：當自己被蚊子咬了，就會感覺到癢，然後開始覺得脹、覺得不舒服，再開始覺得不爽、覺得燥熱等等一系列的心理反應。但是這個學派要訓練的，首先是：讓我們的自心可以被自由控制，下一次當你被蚊子咬的時候，你就馬上停在癢，然後就結束了。這變成有點像反射性的東西，不要讓它去連成一個完整的梗概，不要讓它去連出一個流程，只停在反射的當下。

當我們持續培養這個慣性，在某種程度上，就是在阻斷我們那個一直認為有一個獨立存在的「我」的認知。要消除對於一個強大的「我」的認知，不是一刀就能把它砍斷的東西，這有一點類似不停地停止提供養分：當我們用一堆反射的標籤，去定義身、心理的每一個部分，到了某一個點上，就會突然覺得：「這個部位是眼睛……那個感受是熱……這個想法是討厭……啊那『我』在哪？」

當我們意識到身、心理不過是一堆個體的組合，那就可以把對「我」的執著給整個砍斷：它是一個循序漸進的過程，而不是一個突然認識到什麼、就突然被解決的一件事情，所以這個過程是慢慢培養上來的。

在經典上都會用一個譬喻：燈光一開，黑暗就不見了。很多人以為這樣就能證明，一認識到事物的真實面貌，就能斬斷誤會。然而，其實智慧的培養是需要一定的時間，因為連打開燈光也是需要過程的，通常我們只重視到燈光被點開的當下，卻忽略了前面需要一個準備的過程。

因此智慧的培養不是一個一蹴而成的東西，它是透過一系列的分析跟觀察，最後得到這樣穩定的認識：認識事物正確的面向，也就是稍縱即逝的特性。這樣子的方式，才是佛教認為培養智慧最重要的目的跟方法。

【問答】

Q：如果沒有「我」的存在，為何會有「自己真實的樣子」的存在？

A：在佛法的經典上面有一個譬喻：當我們看不到任何事物的時候，就稱之為看到了天空。這是一個譬喻，因為我們知道虛空、天空或者是空間是沒有形體的。那你要怎麼說，你看到了虛空呢？只有我們看著那個並不被任何東西擋住的地方，我們才能稱為看到虛空。

同樣的，佛法認為：看到真相、看到真理，就是看到那個不被任何錯誤的概念、錯誤的我、錯誤的認知，所擋住的那個時候，我們稱之為看到。這樣的一個稱呼，當然只是名字上的使用，就好像我們看到虛空，但實際上，虛空是不可能被看到一樣。

Q：什麼是個體的組合？

A：所謂個體的組合就像一台車子，它是由許多零件組合而成的；同樣的，一個人也是由許多零件組合而成的。我們可以在整個零件組合而成上，稱呼他是一個人，稱呼他是一台車。但如果我們誤以為，在這個零件的背後有一個獨立的人，在那個零件的背後有一台獨立的車，找得到一個獨立於零件後的車，獨立於零件後的人，而更進一步認為，那個人或是車，是獨立主宰、真實存在的話，那就是最大的誤解。

一但認知到智慧培養的方式，那之後的發展是循序漸進的，一路走向終極的目標——解脫。

16 走著走著，走向究竟

很多坊間的資料或一些修行法門，都會強調：「人生就是一場夢境。」這其實在許多文青、後現代的新興宗教、心靈科學中，都會用這種東西來解釋這個世界的運作，好像當我們從這個夢裡面甦醒過來之後，就會徹底的清醒、回到另外一個世界中。

其實不只是一般的宗教有這樣的傾向，很多認為自己了解佛學的佛教徒們，也有這樣的傾向。當然，佛法裡面的確有「將整個世界視為夢」的譬喻，可是這容易讓人誤會，以為我們沒有認出這是一場夢，所以在輪迴、在受苦，而當我們認出這是一場夢的時候，就夠了、就能清醒。這是對佛法的誤會。

然而，佛法重視的是認識事物的真實面目。這邊談的不僅僅是「認定它是夢」如此簡單而已，更確切來說，這個認識「它是什麼」的過程，在佛法裡面稱之為「觀察」。但是，在進行觀察的過程中，我們往往產生一個問題：「為什麼我沒辦法好好地觀察？」

內心自由，才能好好觀察

依照某些佛法經論的看法，裡面講得很清楚：我們沒法好好觀察的原因，是因為我們的自心不夠自由、不夠穩定，沒有辦法把自心確切地鎖定、專注在某件事情上面，來進行觀察分析跟分辨。

話說回來，如果想要讓我們的心能夠進行觀察，那麼「追求內心的自由」是非常重要的。這個內心的自由並不是我們平常講的，像是「沒有壓力」或是「沒有煩惱」的自由。這邊的自由講的是：我們可以隨意地控制內心，如果想要它看著這件事情時，就可以看著，想要它專注、就可以專注的這種自由。

在練習控制自心以令其自由的時候，我們使用的方式，往往都是追求如何讓心可以越來越安靜。其關鍵的原因是在於，我們認為，當內心被欲望以及體會各種物質的經驗所捆綁時，是無法自由的。

的確，不論是佛法，或是任何重視心靈訓練的古老系統中，都很強調心的「自由」；但往往將其目的設定在讓自心得到安靜，透過自心的安靜，或者是自心的「止」、「止息」，然後才有辦法去培養觀察的能力。

有時候我們會以為，自心的止息代表的是念頭越來越少，或者說我們對事物的感受越來越平淡、越來越沒有情緒，我們就稱之為「止」，特別是一般的心靈訓練課程，更有這樣的特點。

佛法所說的「止」，是在追求一個沒有「念頭」或是沒有「想法」的境界嗎？在佛法架構「止」的種類時，古代的祖師們把它一層一層的分類，最多分類到九個層次；當然，它還有更多更細緻的分類，但粗略地來說分為九個層次。

第一個層次叫作「欲心」，這個「欲心」指的是：內心雖然處在「止」的狀態，但本質上還是有可能受到物質、欲望的影響，是屬於比較粗糙的「止」。

再來，第二個到第五個狀態，依序被稱為初禪、二禪、三禪和四禪，這是指內心越來越沉寂。從擺脫了欲望控制的初禪；進入到越來越沒有這種粗糙的判斷、粗糙的分類的二禪；阻斷了生理愉悅感受的三禪；甚至於到最後，是已經進入沒有表象的狂喜與執著，純粹剩下毫無感受、對立的一種狀態，也就是四禪。

接下來的第六到第九、共四個心理狀態，被稱為「四無色定」，顧名思義，是因為學習者的內心極為細緻與安靜，連粗糙物質的形象都消失，只剩下了精神的存在。

達到四無色定的過程中，依序停止了內心各個層次的想法與念頭，循序漸進地進入了更加「寂止」的狀態，最後連念頭都消失、連非常非常細微的念頭都不見了。

可見，這九個分類是「止」越來越深入的表現：如果我們追求的，是內心的一味寂靜，那麼很明顯，四無色定是最理想的狀態。

內心自由只是手段，不是目的

悉達多在離開王宮之後、自己獨自追尋覺悟之前，曾經與兩位老師學習禪修：阿羅邏伽藍（Āḷāra-Kālāma）和鬱陀羅摩子（Udraka Ramaputra），他們兩位都是當時首屈一指的禪修大家，也都是四無想定這個系統的禪修家。

然而，在悉達多掌握了他們的禪修技巧後，最後仍然離開了他們，獨自追尋解脫與覺悟。其關鍵的原因就是：他意識到，內心無論多麼寂靜，仍然不是解脫之道。在佛法的經典上也討論過，四無想定並不是一個適合拿來做佛法修行的心理狀態。這是為什麼呢？

首先，不論內心多寂靜，它的本質都是專注，也就是專注在某件事物上，不論那件事物是物質、精神或是概念；但只要有專注存在，就會有一個強烈的「正在專注」這樣的感知，而這樣的感知其實是在強化我們對於「我」的執著。因此，透過專注來壓制念頭與情緒的運作，就如同視而不見、強迫自己看著一個地方，但是沒有發現問題就在自己身上一樣，只能治標不治本。

其次，佛法認為，解脫最重視的元素是「正確的認識」，而這種認識來自觀察。透過觀察到我們自己是由一系列的心理與生理狀態的組合所構成，進而得出「阿！那哪來一個獨立的主宰者存在可言呢！」的結論，在這整個過程中，觀察力的培養是至關重要的。然而，四無色定的狀態中，其念頭已經過度細微到失去了觀察能力，那自然就無法導向解脫。

舉例來說，以我們生活中的例子來看，內心最平靜的時候是睡覺的時候吧！那時候幾乎一絲念頭都沒有，偶爾才會出現我們沒有辦法控制的夢境。

但是，睡著的心理狀態適合用來面對問題嗎？可想而知是不適合的，任何「追求內心平靜的人」也不會希望自己的心理狀態，是來到一個「睡著」的地步：因為它已經平靜到沒有辦法做任何事情了。

任何追求內心平靜的人其實都知道，「平靜的心」只是他們的一個短暫目標，有更長遠的目標在後頭。佛法也是如此。

換句話說，佛法所追求的不是沒有情緒或是沒有念頭、沒有想法與概念等等，佛法終極上所追求的是觀察力。以觀察力做為其目標來看的話，沒有念頭、情緒、概念的一個心理狀態，這樣的一個心理上的自由，只是手段而已，並不是目的，這就好像我們要到達的目的是遠方，而手段是透過眼前的這個梯子一樣。

追求觀察和覺察力

我前兩天在網路上看到一篇很有趣的文章，討論現代人到底想要什麼？文章裡面用了一個很有趣的角度來做切入。那是一個日本僧侶寫的一本書，他問了很多人：「你最想要的東西是什麼？」那些人回答：「想要錢。」

根據這位僧侶的描述，每次聽到這個回答的時候，他就感到很困惑，並用了一個有趣的譬喻來形容他的困惑：「當我問你想要什麼，你說想要錢，這就好像我問你想要去哪裡，然後你回答我想要梯子一樣。」所以他說：「錢應該是一個幫助我們到達目的手段，可是我們卻把它視為我們的目的，這樣的方式其實是本末倒置的。」

同樣的道理，追求觀察和覺察力，才是佛法的終極目的，而在這過程中，用專注力來壓制念頭、熄滅情緒並得到自心的自由，是一個過程與必備條件。但如果我們認為「沒有念頭」就是目的，那反而就失去也偏離了佛法究竟追求的目標。

所以，透過內心穩定而自由的狀態，讓我們能夠隨心所欲地控制自心來進行觀察，是很重要的。

那到底是要觀察什麼？總地來說，是要觀察「無我」這件事情。然而，觀察無我，並不是看著自己的生理與心理組合，不停地說：「這是無我的！」、「這是無我的！」而是細緻地分類生理、心理的每一個部位及其作用，並認定他們的特性。

當這個觀察的迴路變得越來越清晰，學習者就會慢慢培養出一種「這不過是一組生理與心理作用的組合，那所謂『獨立的我』到底在哪裡？」這樣的想法，這才是觀察無我的方式。

觀察「無我」，消除誤解

那麼，觀察無我的目的是什麼呢？或者說，觀察的效益，要消除或是解決的東西是什麼？透過觀察而要解決與消除的誤解，基本上分為兩大種：一種是屬於概念性的誤解，一種是屬於概念性的誤解所帶來的慣性。

概念性的誤解是很表層的。也就是說，在我們日常生活很多的過程中，它是透過我們不斷累積的知識和資訊，所積累出來的一種誤解，也就是對於「我」的誤解。

每天從早到晚，我們經驗的每一件事情，幾乎都是在幫我們強化這個誤解，讓我們保護自己的身體與精神，讓我們捍衛它；不論面臨到什麼挑戰，不論要怎麼取捨與妥協，最高的宗旨就是不能傷害到根本的那個「我」。舉例來說，如果可以損失金錢來保證人的平安，也願意為了存活而截肢，可見，金錢與肉體都不是最重要的，最重要的是保證那個「我」的常存，對吧？

當然，另外一種狀況是，當我們面臨到一些健康危機，醫生建議我們必須開刀、但成功機率不高而且可能終身癱瘓時，我們也有可能選擇放棄治療，因為：「如果癱瘓了，那那個我就不完整了。」這也是一種對「我」的執著，但這次重視的是「完整性」、「獨立性」。這兩種狀況，也正符合佛法的認知：我們對於「我」的執著，是將其視為「獨立」而追求「常存」。

然而，這樣對「我」的誤解和執著，其實是很粗糙、很表層的東西，更深入的是「由於這個誤解所養成的習慣」。這個習慣本身不是概念也不是念頭，它是一種行為的慣性。

許多佛法經論中都有一個例子：好比一個茶壺，如果這個茶壺常常用來泡茶，最後就算我們倒水進去、而不倒茶葉進去，它也會因為壺裡的茶垢，讓那些清水自然、慢慢就具有茶的香味。

茶葉本身，就是用來形容我們剛剛講到的概念性的誤解；而茶垢則是其慣性。這種概念性的誤解在佛教裡面稱之為「遍計障」，是我們想要追求解脫必須斷除的第一層東西。

透過智慧一再一再地觀察，觀察到我們整個身心的組合上沒有一個具體的「我」存在；這樣的觀察是屬於循序漸進性的，也就是說一層一層不停地培養這樣的慣性，去觀察我們的身心只是由很多不同的構造組合而成，沒有一個具體的「我」存在。

面對現實，入解脫之流

在不停地這麼做之後，我們對於「我」的認知會越來越被削弱，可是對於整個「我」的認知的斬斷是關鍵性的，是突然、突發性的。在我們斬斷了「我」的概念之後，我們是不是就解脫了呢？其實不是。根據經典上的說法，我們對於這個「我」的概念斬斷之後，同時就會斬斷了「遍計障」、也就是概念性上的誤解。然而，其他的那些慣性仍然存在，它們也還是會以煩惱的形象出現，換句話說，他還是有情緒、會有一些負面的反應，這是慣性。

當然，以我們的日常經驗來看，他還是有一些情緒反應上的差異：當一個人斬斷了他的「遍計障」的時候，就再也不會憤怒，不會有這種強烈的憤怒跟對立的念頭；可是他還是會有一些比較細微的情緒跟念頭，這是因為他不但培養出專注力、禪定力，也對這種專注跟禪定感到極為享受。這個階段在佛法上被稱之為初果，初果是屬於修行人在覺悟的過程中，第一步達到的穩定的階段。

佛法裡面將所謂的初果稱之為「入流」，也就是進入了聖人之流、進入了解脫之流，正式地開始在解脫道上邁進。進入入流之後的好處在於：雖然還沒有到達完全的解脫，但是循序漸進，他就再不會離開解脫的道路，他會慢慢慢慢地往解脫這個目標前進。過程可能需要花上一段時間，甚至幾輩子，但是他不會再離開解脫的修行。

當他持續地進行觀察，持續地分析他的各種心理狀態，會一層一層地把那樣的慣性給剝離；也就是說，他會把那些生生世世的概念所累積起來的慣性，和這些慣性所引發出來的情緒，一層一層的削弱，因為他的觀察力一層一層的變強。

到最後，當他徹底地把對於身心組合的所有誤解都給瓦解掉時，在佛法裡面便稱之為「殺賊」，也就是是徹底地消滅了誤解和煩惱等等的盜賊；而這個「殺賊」在梵文裡面，也就是所謂的「阿羅漢」。

阿羅漢這個詞有很多的意思，其中最符合它戰勝誤解的過程，就是「殺賊」這個意思，這指的是他徹底地離開了煩惱的束縛，因此他也就沒有了煩惱、沒有了誤解，也沒有了欲望。因此，他就不會再轉世；換句話說，他就達成了我們在第一章強調的解脫，不會再進入輪迴之中。

那，當他死亡之後，會有什麼呢？什麼都沒有了。

【問答】

Q：什麼都沒有了……是指沒有「然後」了？如果人走到此，那活著要幹嘛？

A：什麼都沒有了，自然就是沒有了然後，也就是沒有之後的任何東西。走到這個地步，自然是認知到，只要有活著就有痛苦，因而追求一個不再生存、沒有痛苦的地步囉。

國家圖書館出版品預行編目 (CIP) 資料

辯經 辨人生：羅卓仁謙 快狠準説佛法 升級你的辯思與覺察能力 / 羅卓仁謙著 . -- 初版 . -- 臺北市：商周出版：家庭傳媒城邦分公司發行 , 2017.08

面； 公分

ISBN 978-986-477-286-5(平裝)

1. 藏傳佛教 2. 佛教修持 3. 佛教説法

226.965 106012211

辯經　辨人生

羅卓仁謙　快狠準説佛法　升級你的辯思與覺察能力

作　　者　羅卓仁謙
企劃選書
責任編輯　徐藍萍
編輯協力　于蕙敏、賴曉玲

版　　權　翁靜如、吳亭儀
行銷業務　林秀津、王瑜
總 編 輯　徐藍萍
總 經 理　彭之琬
發 行 人　何飛鵬
法律顧問　元禾法律事務所王子文律師
出　　版　商周出版　115 台北市南港區昆陽街 16 號 4 樓
電話：(02) 25007008　傳真：(02)25007759
E-mail：ct-bwp@cite.com.tw　Blog：http://bwp25007008.pixnet.net/blog
發　　行　英屬蓋曼群島商家庭傳媒股份有限公司城邦分公司
115 台北市南港區昆陽街 16 號 5 樓
書虫客服服務專線：02-25007718　02-25007719
24 小時傳真服務：02-25001990　02-25001991
服務時間：週一至週五 9:30-12:00　13:30-17:00
劃撥帳號：19863813　戶名：書虫股份有限公司
讀者服務信箱 E-mail：service@readingclub.com.tw
香港發行所　城邦（香港）出版集團有限公司　香港灣仔駱克道 193 號東超商業中心 1 樓
E-mail: hkcite@biznetvigator.com　電話：(852)25086231　傳真：(852)25789337
馬新發行所　城邦（馬新）出版集團 Cite (M) Sdn Bhd
41, Jalan Radin Anum, Bandar Baru Sri Petaling, 57000 Kuala Lumpur, Malaysia.
Tel: (603) 90578822　Fax: (603) 90576622　Email: cite@cite.com.my

封面設計　張燕儀
印　　刷　卡樂彩色製版印刷有限公司
總 經 銷　聯合發行股份有限公司　新北市 231 新店區寶橋路 235 巷 6 弄 6 號 2 樓
電話：(02) 2917-8022、傳真：(02) 2911-0053

■2017 年 8 月 8 日初版
■2024 年 4 月 30 日初版 5.5 刷
定價 300 元

城邦讀書花園
www.cite.com.tw

Printed in Taiwan

　ISBN 978-986-477-286-5